书山有路勤为径，优质资源伴你行
注册世纪波学院会员，享精品图书增值服务

壹公里丛书

敏控® 项目管理

王二乐
韩　宾
乔　锐
程兴勇
著

电子工业出版社
Publishing House of Electronics Industry
北京·BEIJING

未经许可，不得以任何方式复制或抄袭本书之部分或全部内容。
版权所有，侵权必究。

图书在版编目（CIP）数据

敏控项目管理 / 王二乐等著. —北京：电子工业出版社，2022.9
ISBN 978-7-121-44062-5

Ⅰ.①敏… Ⅱ.①王… Ⅲ.①项目管理 Ⅳ.① F224.5

中国版本图书馆 CIP 数据核字（2022）第 134396 号

责任编辑：杨洪军
印　　刷：北京天宇星印刷厂
装　　订：北京天宇星印刷厂
出版发行：电子工业出版社
　　　　　北京市海淀区万寿路173信箱　邮编：100036
开　　本：880×1230　1/32　印张：6.875　字数：176千字
版　　次：2022年9月第1版
印　　次：2023年3月第2次印刷
定　　价：59.00元

凡所购买电子工业出版社图书有缺损问题，请向购买书店调换。若书店售缺，请与本社发行部联系，联系及邮购电话：（010）88254888，88258888。

质量投诉请发邮件至zlts@phei.com.cn，盗版侵权举报请发邮件至dbqq@phei.com.cn。

本书咨询联系方式：（010）88254199，sjb@phei.com.cn。

前 言
做难而正确的项目

"西天取经不容易，容易干不成大业绩。"动画片《西游记》片尾曲中的这句歌词很好地诠释了项目经理所面临的窘境：如果交付的项目难度过大，则不容易完成；如果总交付容易做的项目，则基本上没有大业绩，而且总在重复性的舒适区，很难有职业上的突破。不管难易程度，如果选择的是错误的项目，就更糟糕了。最终结果常常是组织浪费了宝贵的资源，个人浪费了最稀缺的时间和精力。

选择大于努力！如何判断项目的正确性、选择正确的项目，然后通过正确的方式努力把项目成功交付，既是项目经理助力组织成功的必经之路，也是项目经理自己突破职业生涯的必赢之战。

我们所处商业环境的复杂性、不确定性、模糊性有增无减。这就要求我们一方面继续强化对项目的风险管控要求，即实时掌控项目的"受控"状态；另一方面通过快速、灵活、有效的"敏捷"交付，持续验证项目价值，实时调整项目方向，最终把项目构建正确。

如何动态平衡项目"受控和敏捷"的双重要求，如何缩短共性实践方法和个性情境之间的差距，就成了每个项目经理需要面对的现实挑战。

作为《敏控创变：自定义成功项目管理》的升级版，本书的四位作者基于多个甲、乙方的项目实践案例，并结合公认的最新项目管理实践方法（PRINCE2®、MSP®）、项目管理知识体系（PMBOK®）和新涌现的各种敏捷交付方法（如Scrum®、SAFe），提炼总结出基于组织情境的敏控®项目管理方法，即每个个性组织针对一个个独特的项目特征，如何自定义项目的生命周期、项目的成功标准、项目的内涵与外延、项目的有效方法和工具等方面。

敏控®项目管理方法核心精髓是通过主动适应外部商业环境，充分善用组织内部环境，清晰界定项目自身环境，在借鉴他人最佳实践的基础上，搭建有效的敏控项目环境，平衡项目受控与敏捷交付的双轨制，助力项目经理最终完成极具挑战性的项目目标，即成功交付难而正确的项目。

我们希望本书在公认的项目管理最佳实践与组织基于个性情境的实践需求之间搭起"最后壹公里"的连接桥梁，成为项目经理及其他专业人士，基于项目情境，动态平衡项目受控与敏捷交付的专业工具参考书。

全书共九章。第1章与第2章侧重于如何"选对"和"做成"项目的思维和策略选择。第3章到第8章围绕敏控项目管理一体化的框架、原则、实施方法和工具，即如何高效"做完"项目进行详细阐述。第9章提出定位于服务型管家的项目经理在今天需要成为创变者的使命感，以及如何成为创变者的思路和方法。各章的内容概要如下。

第1章介绍了选择正确项目的基本策略方法和问题清单。

第2章阐述了如何通过项目画像洞察项目复杂度，给出了对应的敏控一体化参考策略。

第3章介绍了敏控项目管理一体化整合框架及其基本原则，支持项目经理基于情境自定义适合自己的敏控项目管理实践。

第4章阐述了如何评估项目现状敏捷度，以及提高项目敏捷度的措施，营造项目敏控环境。

第5章介绍了项目经理在项目组织中的定位，通过识别和管理项目相关方，构建敏控项目组织团队。

第6章阐述了如何通过与项目利益相关方达成目标共识，以终为始制订项目计划，以始为终分阶段动态敏捷交付。

第7章介绍了项目敏控的执行方法，包括风险化解机制、变更管理机制、例外管理机制。

第8章详细阐述了项目信息可视化的各种工具和方法，确保项目管理团队信息对称，实现项目进展受控。

第9章介绍了敏控项目场景下项目经理承担的四种角色及其各自的价值和要求，强调了管家式服务型项目经理如何洞察项目利益相关方的权威和关注点，以及如何选择正确的沟通策略。特别针对项目管理团队教练角色的持续学习与精进，详细介绍了项目复盘的实践做法。

最后，我们衷心感谢所有学员和读者朋友，特别是本书第一版的各位读者朋友，是你们的点赞与包容让我们有动力完成本书的升级版。希望本书中的观点、知识、方法、工具和案例，能够对你们有所帮助。

注：

1. 书中的项目泛指项目（Project）、项目群/集（Program）、项目组合（Portfolio），需要读者基于情境按需自定义。

2. 书中的项目经理泛指项目经理、项目总监、项目主管、项目集（群）经理、项目交付经理等项目对应角色，需要读者基于情境按需自定义。

3. 书中多个注册商标（如敏控®、PRINCE2®、MSP®、PMBOK®、Scrum®、ICB®）仅在第一次出现和本书附录中加注册商标的标志。

目 录

第1章　确保做正确的项目：选对项目 / 001

1.1　主动放弃，永远是项目第一选择 / 002
1.2　做一个悲观的乐观行动派，提升项目成功的可能性 / 004
1.3　用好问题清单，最大化发挥项目经理的影响力 / 007

第2章　努力把项目做正确：做成项目 / 009

2.1　第三种选择：敏控项目管理 / 010
2.2　通过项目复杂度画像，洞察项目敏控度 / 012
2.3　基于情境的敏控项目管理：组织如何受控，团队多么敏捷 / 017

第3章　因地制宜的敏控项目管理一体化整合框架 / 021

3.1　保障组织受控：项目管理实践指南 / 022

3.2　助力团队高效：敏捷实践指南 / 025

3.3　敏控项目管理一体化整合框架 / 029

3.4　无定式，有原则：敏控项目管理七项原则 / 037

第4章　洞察现状，提升项目敏捷交付能力 / 043

4.1　评估项目现状的敏捷度 / 044

4.2　选择措施，提升项目敏捷度 / 055

第5章　明确权责，提升项目管理团队敏控能力 / 061

5.1　项目经理在项目组织中的定位：承上启下的服务型项目管家 / 062

5.2　识别项目相关方，打造敏控项目管理团队 / 066

5.3　整合交付团队角色，催化敏捷能力 / 074

5.4　敏控项目管理团队五大行为准则 / 086

第6章　目标共识，以终为始规划项目路径 / 091

6.1　确保项目价值，桥接项目到组织战略目标 / 093

6.2　界定项目交付物，按阶段动态敏捷交付 / 097

6.3　基于目标产品，规划项目计划 / 100

6.4　组织项目启动会，用收益与项目利益相关方结盟 / 106

第7章　敏控执行方法，持续论证项目价值 / 111

7.1　风险化解机制，应对化解项目风险 / 112

7.2　变更管理机制，持续论证项目价值 / 114

7.3　例外管理机制，实现项目进展受控 / 120

第8章　项目信息可视化，实现进展受控 / 123

8.1　项目报告机制：时间触发报告和事件触发报告 / 125

8.2　善用看板的力量：进展指标可视化 / 130

8.3　如何开好每日站会和项目周例会 / 134

8.4　阶段复盘，固定点收尾总结 / 141

8.5　搭建在线协作机制，助力跨地域和跨团队协作 / 145

第9章　成为不一样的项目经理 / 149

9.1　运用项目场景拆解矩阵，分析不同项目场景 / 152

9.2　在不同项目场景中开展项目的战术选择 / 153

9.3　基于不同项目场景扮演不同角色 / 155

9.4　洞察项目利益相关方的权威和关注点，选择正确的沟通策略 / 157

9.5　通过经验教训持续学习，持续精进：复盘 / 163

结束语　顺势而为，项目经理要做创变者 / 177

附录A　敏控项目管理体验沙盘 / 181

附录B　项目管理实践指南汇编 / 193

参考文献 / 207

第1章

确保做正确的项目：选对项目

成功地执行一项无意义的计划是导致失败的致命原因。如果企业费尽心思开发出来的产品没人想要，那么是否按时、按预算完成计划就无关紧要了。

——埃里克·莱斯《精益创业》

与人们追求项目成功的目标相反，项目失败才是大概率的。如果你亲自做一下调查研究，或者跟出版商、移动应用开发商、风险投资人或负责企业变革的管理者等不同行业、不同职业的人聊过，你就会一遍又一遍地听到类似的故事和相似的数字——不低于70%的项目失败率。

也许你的项目如期顺利完成了交付，但如果交付的产品没有成功，那么完成这个项目的意义可能就只剩下经验教训了。对于项目经理来说，一旦知晓并接受了项目高失败率这一事实，"选择大于努力"这句话就在一定程度上反映了选择正确的项目远比努力正确完成一个项目重要得多。

1.1
主动放弃，永远是项目第一选择

项目的高失败率不仅导致组织资源的浪费、其他商业机会的错失，也会大大挫伤项目管理团队的士气。一个项目的成功至少包括三个关键成功要素：项目交付的是一个正确的产品，即这个产品是客户真正需要的；有一个合适的项目管理团队；项目交付的产品正好处于一个合适的时间窗口，即正确的时机。从TEDx对超过200家新创公司创始人对影响其成功的五大因素的反馈统计（见图1.1）可以看出，选择正确的时机/时间窗口对项目的成功影响排名第一（42%）。

第1章　确保做正确的项目：选对项目

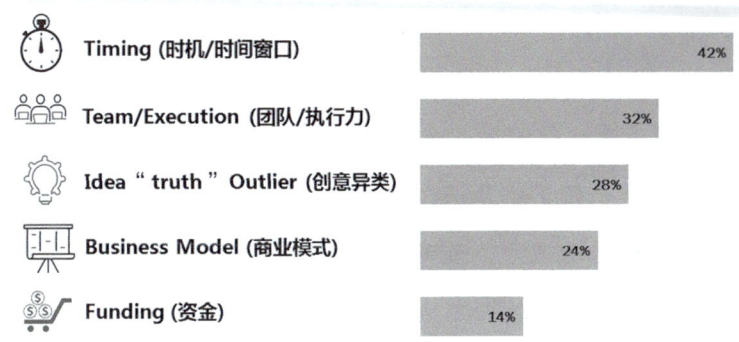

图1.1　超过200家新创公司创始人对影响其成功的五大因素的反馈统计

正确的产品、团队和时机，三者缺一不可，这也是项目高成功率的原因。全球项目管理实践方法论PRINCE2中关于项目的定义也说明了这一点。所以，主动放弃（Do Nothing）项目往往也是一种正确的选择。

 贴士

项目管理实践方法论PRINCE2中关于项目的定义

项目是按照一个达成共识（项目关键相关方的利益交集）的商业论证（发起方投资可期望、使用方收益可达成、实施方产品可交付，即项目三方成功为正确，尽管成功有先后），为了交付一个或多个商业产品（正确的产品，即客户认可、市场接受的产品）而创建的一个临时性组织（合适的项目管理团队）。

> **示例**
>
> 因为有比较好的优惠促销政策,家长在一个培训机构办卡给孩子报了钢琴课。家长是发起方,期望物有所值;培训机构是实施方,最关心可以交付自己的服务承诺;孩子是使用方,最关心不要太苦太累就能快速提升自己的技能。这个学习项目很重要的一个假设条件是孩子能够坚持练习,往往还需要家长陪练。实践证明,在大部分情况下这个假设条件是不成立的。

1.2 做一个悲观的乐观行动派,提升项目成功的可能性

主动放弃可以大大降低项目的失败比例,但在一定程度上放弃了小概率项目成功的可能性。除非项目各方收益显而易见,否则大部分项目在创意或立项阶段是比较模糊的,尤其是在当下复杂多变的商业环境下。那么,如何提升项目成功的信心指数?我们可以采纳"大胆假设,小心求证"的路径法去渐进明晰。具体运用"创意—假设—用最简可行产品实际验证—基于事实的结论—决策选择—(精细精进、动态调整或直接放弃止损)"这一循环路径决策过程,用最小的代价、最快的速度在实际场景中验证,这是不是一个项目发

起方、使用方和实施方可以达成利益共识的成功项目。这不仅符合敏捷迭代价值交付的最简可行产品的实践,也是对PRINCE2关于持续的业务验证原则的具体运用。

最简可行产品或最简可行解决方案

最简可行产品(Minimum Viable Product,MVP)或最简可行解决方案(Minimum Viable Solution,MVS)是《精益创业》的作者埃里克·莱斯提出的,目的是用最小代价、最快速度,第一时间在实际场景验证产品是否真正满足客户需求,即是否有真正的商业价值。

示例

(1)开发一门新课,可以第一时间发布一个课程大纲,测试目标学员的报名数量。

(2)出版一本新书,可以第一时间完成前言、目录和两章样章,与出版社沟通出版机会。

(3)开发一个洗衣机的自动叠衣功能,可以用最低成本搭建一个盒子,人工隐藏在盒子里完成手工叠衣,然后找洗衣店测试客户是否愿意为自动叠衣服务埋单。

PRINCE2关于项目持续的业务验证生命周期图（见图1.2）

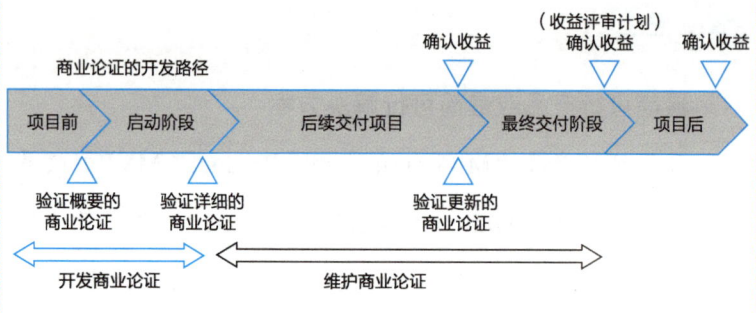

图1.2　PRINCE2关于项目持续的业务验证生命周期图

示例

因为受到小伙伴的影响，孩子特别想学习钢琴。从项目角度论证，好的做法是寻找一家专业机构或一个专业老师，让孩子尝试几次课程，实际验证孩子的音乐天赋水平，确定孩子是一时冲动还是真的有兴趣想学习，然后再考虑办卡或投资买钢琴。在这个过程中，家长要不断调整目标。特别是随着孩子学业负担的增加，如果孩子已经身心疲惫，那么学习钢琴的负面影响将远远大于正面收益，这时也许就是主动放弃的时机。

1.3 用好问题清单,最大化发挥项目经理的影响力

尽管项目经理拥有的多是微权力,不是决策权,但在项目立项阶段要主动尽早参与决策输入,充分发挥自己的专业能力,来影响项目决策,尽可能避免一开始就选择一个错误的项目,而且交付的难度还不小。项目经理在这个阶段要基于商业思维,通过专业的提问技能,澄清和确认项目的模糊性甚至冲突的项目目标和前提条件,包括假设条件、约束条件、重大风险等,积极推动用MVP策略去实际验证。

可以参考的问题清单矩阵如图1.3所示。

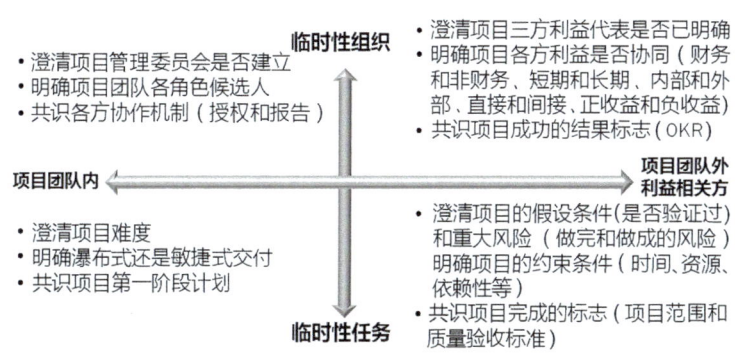

图1.3 问题清单矩阵

本章小结

选择难而正确的项目,因为选对项目比交付这个项目更重

要。正确的项目一定是发起方、使用方和实施方三方利益的交集，即项目的成功就是他人（利益相关方）的成功，尽管各方的利益实现时间有先后顺序。项目成功面对的是不确定的未知和模糊的未来场景，选择项目的上策是首先选择不做，但如果选择做，就要用投入少、改变小、周期短的MVP/MVS策略实际验证假设条件是否成立。项目经理在项目前期的立项阶段要通过其专业的提问来澄清、确认项目的各种基线（如边界、条件、目标等）。

第2章

努力把项目做正确：做成项目

同时持有全然相反的两种想法，仍能正常行事，是一流智慧的显著标志。

——菲茨杰拉德《了不起的盖茨比》

项目利益相关方达成共识的项目目标定义了项目成功的标准，这就意味着他们认为这是一个正确的项目，即选对了项目。后续的主要挑战是如何把这个项目做正确，即如何做成项目。关于如何做成项目，即采用哪种项目方法，常常要根据选择的是项目产品定制还是现有成熟产品，是外包还是自我研制开发，是步步为营的瀑布式还是步步为"赢"的敏捷式等来决定。

这些看似对立的选择，实则和其他理论方法的选择一样，其背后一定有前提条件。如果能深入理解其应用的前提条件，同时能深刻洞察项目所处的环境和场景，这些选择难题就会迎刃而解，甚至会产生第三种更佳的选择方案。

2.1
第三种选择：敏控项目管理

不同于传统以计划和控制为导向、步步为营的瀑布式项目管理，伴随着高不确定性和模糊性的动态商业环境，组织中的项目更像从固定靶射击训练变成了移动靶射击比赛，甚至变成了竞争激烈、飘忽不定的飞碟射击竞赛。这样以终为始，就需要重新定义项目成功的终点衡量标准。当项目成功的准则由项目产出（做完）向项目收益（做成）聚焦的时候，项目成功的衡量标准就不再是时间、成本、质量和范围，而变成了利益相关方更关注的风险和收益，项目的挑战性陡然剧增。因此，基于价值追求、按阶段迭代实现步步为"赢"的敏捷式交付就自然涌现。如何适应项目交付敏捷化的趋势，同时兼顾组织对项目的可预测、可衡量的受控要求，就变成一个现实挑战，即组织需要项目状态可控，项目管理团队需要敏捷交付。

如果项目更像目标相对静态的登山或结果预测性高的跟团旅行，即项目成果的清晰度高，有一个好的过程往往就有一个好的结果，那么关注"做完"的步步为营的瀑布式交付更能保证过程的可控性。因为这样的项目如果顺利交付完成，项目成果达成就很有保障。如果项目更像动态不确定的航海或结果模糊的自驾游，即项目成果的模糊度高、未知性大，项目成果往往需要通过阶段迭代渐进明晰，那么聚焦"做成"的步步为"赢"的敏捷式交付更能提高项目的成功率。因为这样的项目成功率往往偏低。结论就是：前者的项目类型通过强化控制来降低项目失败的风险，因为这样的项目往往是不失败即成功，而后者的项目类型需要通过敏捷迭代、阶段路径动态捕获项目成功的机会。

理解了强化项目管控的瀑布式（标准答案法）和强化价值驱动的敏捷式（路径明晰法）交付方法的应用条件与场景，那么，组织如何确保项目受控？自我管理敏捷交付导向的项目管理团队对敏控管理一体化整合实践需求自然涌现，特别是对那些强化策划和管控的传统型组织。这也正是本书重点介绍的内容。

2.2 通过项目复杂度画像，洞察项目敏控度

来源于实践总结的敏控项目管理一体化整合方法要回答的不是项目要不要控制或敏捷，而是项目受控需要到什么程度，项目需要多么敏捷，即控制和敏捷的合理程度——敏控度。

洞察项目敏控度需要基于项目情境，主要考虑项目所在组织的内部环境（如是管控型导向还是授权型导向，是新兴成长期还是稳定成熟期等）和外部商业环境（特别是行业和地域特征，如是合规监管型行业还是高度竞争型行业等），最关键的是要理解项目本身的情境特征。我们从项目的五个典型特征（见图2.1）来理解一个项目。这些特征既是项目存在的价值基础，也是项目的种种挑战（难点）根源所在。项目经理对此必须有深入的理解并制定应对策略，以便更从容地开展项目工作，成功交付项目。

1. 独特性

项目的独特性（Unique）也称唯一性、差异性。每个项

目都有其独特的不可替代的价值，而且构成项目的组合因素一定在某一方面是唯一的，这也是项目存在的价值基础和基本特征，即独特性是项目区别于日常重复性运营工作的根本所在。

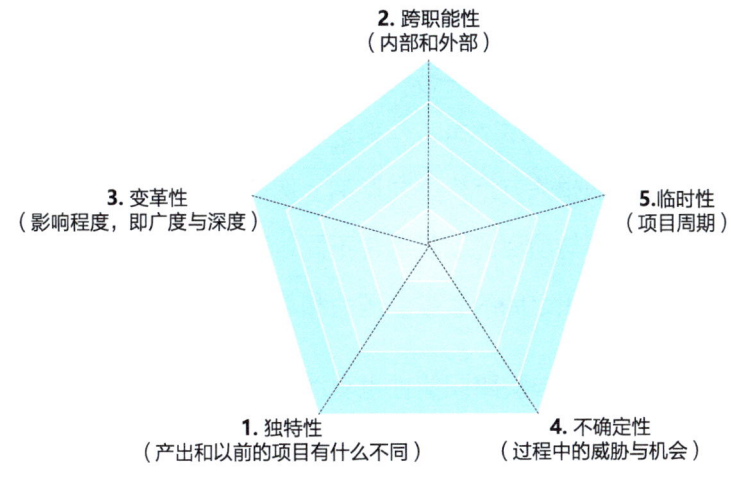

图2.1 项目的五个典型特征

项目产出（产品）的独特性既是项目专业技术的难点，也是项目的创新机会所在。一般来说，项目产出越独特，可参考物就越有限，项目失败的概率就越高，但成功后的价值往往就越大。因此，这就特别需要关注交付的项目经理和聚焦价值的产品经理之间的协同合作。项目可以选择敏捷迭代的MVP策略，在不同阶段持续验证项目专业技术的可行性和产品价值的可达成性。

2. 跨职能性

项目的跨职能性（Cross-functional）是指不同技能、不同职能部门甚至不同组织的项目管理团队临时在一起工作。这种临时组织形式是用来管理跨职能协作的，目的是让不同职能部门的人，为了一个共同的目标而临时打破边界进行有效协作。随着越来越明显的项目管理团队成员工作虚拟化的趋势，其难度不言而喻。这就意味着，在项目管理团队内部一定会对目标和利益不同的相关方产生不同影响。例如，对发起方和实施方来说，双方参与项目的动机通常不同，所以项目往往也伴随着组织内部或组织之间的紧张、压力和冲突。

项目的这种典型跨职能性也有助于区别部门内临时性阶段任务小组，避免出现过度管理。项目跨职能越多，特别是涉及跨其他不同组织，项目管理团队分工就越被强化，明确角色、职责和任务的要求就越高，分层管控的概念就越强，采用敏捷交付的可行性就越低。

3. 变革性

项目是引入变革（Change）的手段。从项目产出到项目成果的转化直至最终收益的实现，其间必然涉及对人（多为用户）的行为和习惯的改变，这具有极高的挑战性。因为很少有人愿意主动改变自己。无论在工作中还是生活中，改变习惯都是不容易的。如果这种改变不成功，项目的收益就无法实现，也就是说，这个项目是失败的。

作为关注价值实现的项目经理，对项目目标实现的难度，特别是项目收益实现的难度，一开始就要从利益相关方特别是项目产出使用者的视角思考和部署，以步步为"赢"的敏捷式变革策略有节奏地交付产品，波浪式影响用户去改变行为，实现项目收益。

4. 不确定性

项目的不确定性（Uncertainty）是指项目过程的未知性。项目本身固有的特点会使项目过程比正常经营遇到更多的威胁与机会。因此，项目面临更多的风险，也必然更具有不确定性。这种风险可能来自内部事件，如关键项目成员流失、其他项目资源的冲突，也可能来自更加不可控的外部，如监管政策改变、技术更新、疫情影响等。"计划赶不上变化。"这句话很好地诠释了面对高不确定性项目，项目经理需要多划分路径阶段，以阶段的确定性来管控项目周期的不确定性，分阶段聚焦项目成果的敏捷交付策略。

5. 临时性

项目的临时性（Temporary）是指项目明显的生命周期特征，即项目有明确的开始和明确的结束。因为项目目标关注的层次不同，如产出、能力、成果或收益，项目涉及的利益相关方也就不同，其开始和结束自然也不一样。

因此，每个项目的开始和结束需要明确的共识，但不存在公认标准。不管如何定义，由于其临时性的特征，更需要通过启动、阶段评审、收尾等仪式感强化其存在的价值。

"锣鼓长了没好戏。"这句话也很好地诠释了动态多变商业环境下项目周期长带来的项目高不确定性。项目通过分期、分阶段里程碑聚焦价值交付的敏捷策略往往也是应对这种挑战的一个上策。

 贴士

基于五个典型特征的项目画像工具

（1）打开微信进入"敏控敏控"小程序。

（2）点击项目雷达图，选择一个自己的实际项目完成项目五维雷达图画像。

（3）点击分析，了解选择项目的敏控度及推荐的敏控策略。

一项工作被称为项目，就会具备独特性、跨职能性、变革性、不确定性和临时性的特征。这些特征使项目比其他工作面临更多的未知和挑战，我们把这些不确定性对目标的影响称为

风险。

面对快速多变的商业环境，如何适应变化捕获机会，动中求静管控风险，渐进转化萃取价值，敏捷行动快速实现收益，是组织当下对成功项目管理的综合诉求。

2.3 基于情境的敏控项目管理：组织如何受控，团队多么敏捷

项目管理和其他管理一样，基本的结构化方法是三分法：分类管理、分级控制、分步执行。我们首先把复杂问题简单化，即从项目中把管理工作和专业工作分开，项目管理的目的是对交付项目产出的专业工作加以合理管控，从而保障项目目标的实现。

项目管理的循环（见图2.2）包括计划、授权、监督和控制。项目需要一个相对静态的控制基线，即项目经理需要综合项目目标、愿景、资源、风险和约束条件等多种因素制订计划，然后以此为基线动态地监督和控制计划的进展和执行情况。计划的制订和维护过程同时体现了项目管理的动态授权过程，也就是组织对项目以及项目组织内部的授权能力。这往往受制于项目所在组织的内控体系和风险文化，这个动态授权过程基本上决定了项目组织具有的弹性敏捷程度。

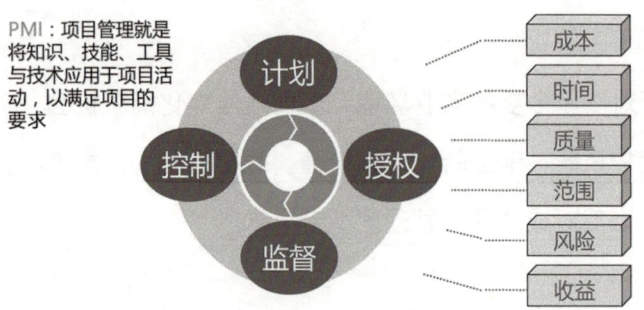

图2.2　项目管理的循环

身处激荡变化的动态商业环境,组织的差异化日趋明显,项目本身的个性特征日益突出。

同时,项目目标从项目产出转向项目收益已成为大势所趋,关注价值的敏捷交付需求持续升温。个性、团队、授权、赋能、领导力成了交付团队的热门话题。

项目越来越高的不确定性、越来越低的收益转化率,使得组织更加强化项目可预测的管控能力,更加关注经验教训的学习和共性方法的对标,通过流程制度化强化项目计划的管控执行。一个有力的例证是项目管理办公室在组织中的影响日趋重要。

组织层面对项目的管控力和项目层面对交付团队的领导力有了双重要求,即如何在项目受控的环境下实现敏捷交付。

在这个没有标准答案、没有现成参照系、需要重新定义管理、重新定义项目的时代,如何实现组织受控、团队敏捷的项目管理结果?

我们的答案是:自定义。即组织需要基于个性情境的分析,参照共识的方法论,因地制宜,因人而异,因时而变。

以静制动,依计划抓管控;以动应变,靠迭代去验证;动中求静,分阶段渐进明晰实现收益。以计划的时间颗粒度、授权的例外管理和阶段论证为抓手,在变化过程中追求项目的受控和敏捷的动态平衡。这种平衡必然由组织基于情境自己定义(见图2.3)。

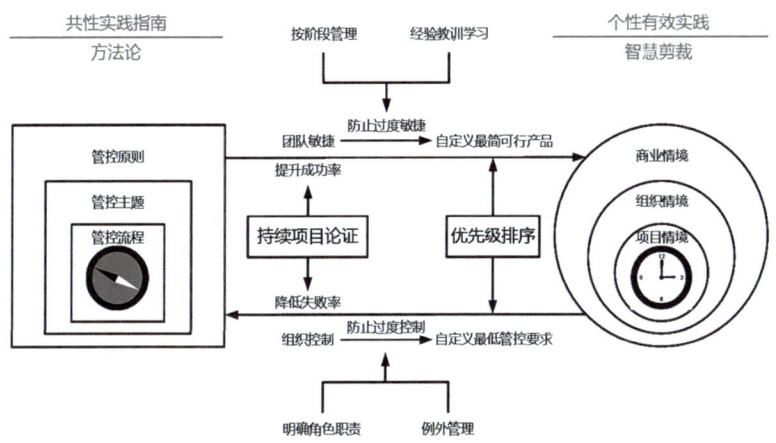

图2.3 基于情境的敏控项目管理

本章小结

　　除选择了正确的项目外，还需要把这个项目构建成功。受控和敏捷，不是一个二选一的难题，而是可以在组织受控的环境下，授权交付团队基于项目复杂度画像洞察的敏控度需求，因地制宜、因人而异、因时而变，按需采纳步步为营的瀑布式或步步为"赢"的敏捷式交付方法，从而实现组织可以安心受控、项目管理团队可以开心敏捷的双赢结果。

第3章

因地制宜的敏控项目管理一体化整合框架

手拿铁锤的人，看什么都像钉子。

——查理·芒格

吸取行业优秀项目管理经验教训，寻找公认最佳实践指南，是我们开展敏控项目管理的第一步。

商业竞争为我们直接获得实践指南的本质增加了难度。这是因为每个实践指南的"门派"都倾向于证明自己的优势，而弱化其他"门派"的价值。PMBOK、PRINCE2、Scrum或其他实践指南的粉丝，也大多倾向于阐述自己所掌握方法的益处。实际上，除了成熟度不同，各种实践指南的定位也不完全相同，各有特点。因此，要深刻理解不同实践指南的精髓，整合每种方法的优势，而不要唯某个方法是从，是我们对待实践指南的正确态度，也是敏控项目管理所倡导的项目管理理念。

本章首先简要介绍主流项目管理实践指南、敏捷实践指南及其不同定位，然后给出可以供项目经理直接参照的敏控项目管理一体化整合框架，最后详细介绍了敏控项目管理七项基本原则，以及如何自定义适合自己的敏控项目管理方法。

3.1
保障组织受控：项目管理实践指南

从全球范围来看，被大家广泛认可的是三大项目管理"实践指南"：

（1）美国项目管理协会（Project Management Institute，

PMI）于1996年发布的《项目管理知识体系指南》（PMBOK指南），目前的版本是2021年发布的第7版。

（2）英国政府商务部（Office of Government Commerce，OGC）于1996年发布的《PRINCE2——成功的项目管理方法论》，目前的版本是2017年发布的第6版。

（3）国际项目管理协会（International Project Management Association，IPMA）于1992年发布的《国际项目管理能力基准（ICB）》，目前的版本是2015年发布的ICB 4.0。

如果只是单纯地学习应用了一个"门派"的项目管理实践指南，那么在初步了解其他项目管理实践指南的时候可能有些不适应。不同实践指南中一些地方看似有不同的观点，例如，PMBOK将项目定位于一个临时性工作，而PRINCE2将项目定位于一个临时性组织。这并不表示某一个项目管理实践指南的对错，而是不同"门派"的项目管理实践指南的定位不同，看待项目管理的视角也不一样。PMBOK试图告诉项目经理应该掌握的知识和技能的全集（知识体系）；PRINCE2试图告诉项目经理做正确的事，并且这些建议高度体系化（方法论）；ICB试图定义项目经理的能力如何评定（人员能力基准）。更多维度的对比如表3.1所示。

表3.1 全球三大项目管理实践指南

实践指南名称	定位	资质认证证书
PMBOK	知识体系	PMP（Project Management Professional）
PRINCE2	方法论	PRINCE2 Foundation（基础资格） PRINCE2 Practitioner（从业资格） PRINCE2 Professional（专家资格）
ICB	人员能力基准	IPMP A、B、C、D四个级别

贴士

方法论与知识体系的区别

方法论是一种体系化的项目管理方法，提供了一整套流程活动和管理主题，可从头到尾地管理项目。知识体系包含广泛的、项目经理可能用到的项目管理能力要素和技能，包括领导力和谈判技巧等。方法论和知识体系之间具有很强的互补性——方法论提供了一个框架，规定了由谁、在什么时候、做什么项目管理活动，而知识体系提供了怎么做这些事情的一系列可选工具和技术。

另外，随着项目所处环境的不断变化，不同"门派"的项目管理实践指南也在持续迭代优化。例如，第7版PMBOK创新性地提出12个项目管理原则，更加突出项目经理的整合能力、系统性思维和以人为本的精神。而这些原则同PRINCE2和ICB的项目管理原则在某些方面有异曲同工之妙。因此，我们倡导项目经理保持持续学习、终身成长的心态和习惯，并结合项目环境实践总结，这样才能成为因地制宜的敏控型项目管理实践者。

3.2 助力团队高效：敏捷实践指南

"敏捷"（Agile）一词于2001年被提出。目前有很多敏捷实践指南，如Scrum，包含了一系列原则、活动、概念和技术，但各种敏捷实践指南并未对"敏捷"一词形成统一的定义。

海史密斯曾经用如下两句话来描述敏捷：敏捷是创造并响应变化从而在动荡的商业环境中捕获利润的能力。敏捷是平衡灵活性和稳定性的能力。

需要说明的是，敏捷实践指南并不是专门为项目而提出的。各种敏捷实践指南更多关注在产品交付层面上，无论产品交付在项目中发生还是在日常运营工作中发生。

敏捷实践指南的成熟度与项目管理实践指南也不相同，仍处于飞速发展阶段，尚未出现成体系的"最佳实践"，因此大部分指南仍处于探索期的"涌现实践"阶段。

无论哪种敏捷实践指南，都基于敏捷联盟的创始成员所共同提出的"敏捷软件开发宣言"。

> **敏捷软件开发宣言**
>
> 我们一直在实践中探寻更好的软件开发方法,身体力行的同时也帮助他人。由此,我们建立了如下价值观:
>
> 个体与互动　　　胜过　　过程和工具
>
> 可工作的软件　　胜过　　完备的文档
>
> 用户合作　　　　胜过　　合同谈判
>
> 响应变化　　　　胜过　　遵循计划
>
> 尽管右项有其价值,但我们更重视左项的价值。

VersionOne在2021年发布的针对团队级敏捷实践指南应用情况的调查数据显示(见图3.1),Scrum是实践中使用最多的一种敏捷框架。66%的人反馈Scrum是他们最密切遵循的敏捷方法,另外15%的人遵循Scrum的派生方法。在应用Scrum的时候,通常也会与其他敏捷框架整合使用,如极限编程(Extreme Programming,XP)、看板(KanBan)等,这一现象也体现了"涌现实践"阶段的特征。

项目管理是从组织视角自上而下演变发展出来的,而敏捷是从交付团队自下而上演变发展而来的。敏捷实践指南不同于已经被广泛接受的项目管理理念和实践指南,当被应用于项目管理领域时,其会面临很大挑战:敏捷思想和方法如何与项目管理整合、如何与组织整合、多个团队之间如何实施敏捷等。这些在敏捷实践指南和项目管理实践指南中均没有很好地得到解决，而是要在实践中不断探索的课题。

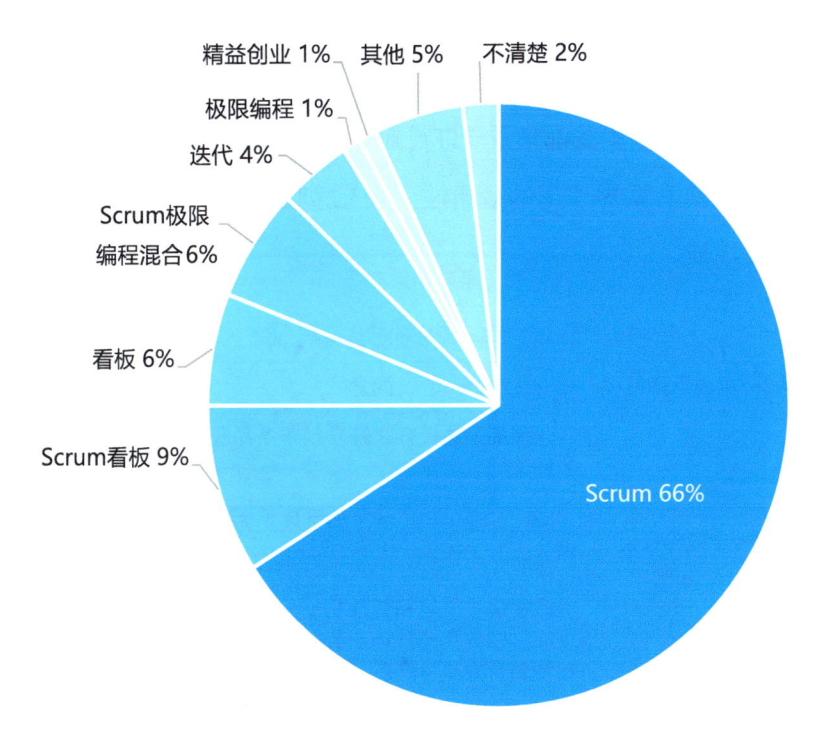

图3.1 各种敏捷方法的应用情况

例如，在实践中，有些敏捷团队将编制项目计划等项目启动阶段的活动定义为冲刺0（Sprint0）。这种做法的必要性在敏捷领域是有争议的，至少冲刺0的概念并不是《Scrum指南》的一部分。

> **冲刺（Sprint）**
>
> 一个为了完成从待办事项列表（Backlog，交付物的功能列表）中选择的功能，而设定的固定长度的时段（通常为2~4周）。

大多敏捷实践都来源于IT行业，随着成熟度的提升，敏捷实践指南有了更广泛的适用性。表3.2列出了比较流行的敏捷实践指南。

表3.2　比较流行的敏捷实践指南

敏捷实践指南名称	简介	适用范围
Scrum	一种基于迭代方式开发创新产品和服务的框架	所有行业
看板（KanBan）	通过可视化和控制工作进展的方式实现持续改进工作流的方法	所有行业
精益创业（Lean Startup）	最初用于创建和管理初创公司的方法，现在可以应用于任何业务领域，帮助团队尽快向用户交付产品	所有行业
DevOps	提供了一种开发人员和运维人员在一起协作的方法。此方法的目标是创建包含开发和运维两种工作在内的IT产品或服务，强调尽可能将开发和运维团队整合到一起	IT行业
SAFe（Scaled Agile Framework）	在组织中大规模使用敏捷的框架	IT行业

3.3 敏控项目管理一体化整合框架

3.3.1 敏控项目管理一体化整合框架概述

正如《黄帝内经》提到的"上工守神,下工守形",我们要获得每个实践指南的"神",而不要拘泥于它们的"形"。将本来就定位不同的"神"整合,而不是让敏控项目经理面对丰富多彩的各类项目管理实践指南无从选择。我们结合目前比较主流的、最新的、各有侧重的通用项目管理实践指南给出了敏控项目管理一体化整合框架,如图3.2所示。

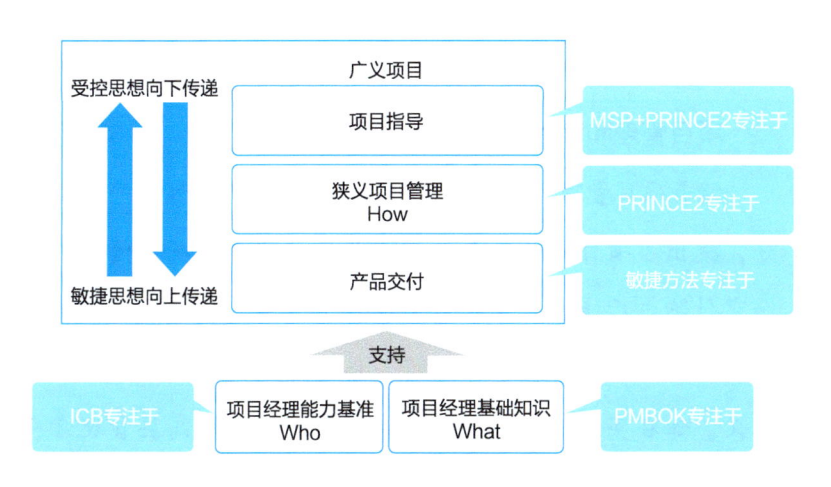

图3.2 敏控项目管理一体化整合框架

单纯关注项目管理容易走向过度控制的误区,单纯强调敏捷则容易走向个人自由而组织失控的局面,整合二者将兼顾组织受控和团队敏捷的诉求，这也是敏控项目管理的终极追求。

从图3.2可以看出，项目管理和敏捷实践指南的关注点并不相同，PMBOK是全球范围内最为人熟知的项目管理知识体系，类似于武器库，它可以帮助项目经理掌握项目管理的基本知识。PRINCE2是全球范围内应用最广泛的项目管理方法论，类似于阵法套路，它可以指导项目经理直接开展项目管理实践（MSP与PRINCE2一起使用来实现项目收益），但PRINCE2关注项目管理方面，对如何管理产品交付则涉及不多。敏捷实践指南恰好将重点放在交付层面，对项目管理方面反而涉猎很少。

> **贴士**
>
> **项目管理和项目群管理的关系**
>
> 随着项目管理理论的研究和发展，学界将项目进一步细分，提出了项目群的概念，认为项目只负责完成交付物，而交付物之后能否产生收益由项目群负责。在学术层面，我们有必要区分项目和项目群，这种区分有精细化管理的意义。但在实践中，对组织，特别是对组织的高层管理者而言，项目承接组织战略部署，项目管理就应该确保战略成功落地，就应该聚焦成果收益。本书谈及的项目并非方法论中狭义的项目，也参考了成功项目群管理方法论。

第3章　因地制宜的敏控项目管理一体化整合框架

如此整合的挑战是，组织高层、项目管理团队、交付团队之间如何互相理解彼此的理念，如何相互支持彼此的方法。

例如，组织高层希望看到项目的周报，以确保项目受控。在他们的传统认知中，周报应该是正式的。而在敏捷实践指南中，组织希望各种信息透明、可视化、易学习，以提高沟通效率。那么，高层能否接受敏捷思想，愿意通过非正式的项目周报获得项目进展信息，甚至移步到项目管理团队的工作区域，通过现场白板上的可视化信息快捷地获得项目进展呢？毋庸置疑，这对传统职能型组织中的项目经理是个挑战。

反过来，交付团队能否理解项目管理的出发点是为了让项目受控，从而能够主动从高层的视角，将他们需要的信息，采用易学习且可视化的方式展示在现场白板上，以便高层及时获得，而不是仅体现产品交付所需的信息？这对采用敏捷实践指南来完成产品交付的团队来说，也是个挑战。

由此可见，要想真正做到项目既敏捷又受控是不容易的，需要项目经理理顺实践指南之间的关系，参照整合框架，适应敏捷受控的价值观挑战。

> 📢 **贴士**
>
> **反面教材——"传统项目管理"是什么**
>
> 我们经常看到敏捷或项目管理实践指南将自己与"传统项目管理"进行比较，以此说明自己的优势。那么，所谓"传统项目管理"到底指的是什么呢？
>
> 简单来讲，传统项目管理与敏捷项目管理的区别就像乘坐火车旅行与乘坐船舶旅行。乘坐火车旅行的预测度较高，可以严格遵守计划、执行、监督、结束的瀑布式路径，而乘坐船舶旅行则不然。因为我们不知道乘坐船舶的途中会发生什么，很难预测并计划到细节，所以只能规划起点和终点，并制订一个整体的、粗颗粒度的计划。有经验的高水平船长知道他在哪里，并在整体计划的框架下根据当时的情况不断调整航向（拥抱变更），以确保抵达终点。并没有一个主流的项目管理理论承认自己是传统项目管理，PRINCE2如此，PMBOK亦然。实际上，PRINCE2既可以应用在传统项目管理实践中，也可以应用在敏捷环境下。

3.3.2 自定义敏控项目开发方法

项目开发方法是在项目生命周期内创建和演变产品、服务或成果的方法。因为使用的开发方法不同，不同的行业可能使

第3章　因地制宜的敏控项目管理一体化整合框架

用不同的术语来表达各自的开发方法。三种常用方法是预测型方法、混合型方法和适应型方法（敏捷型方法）。这些方法通常被视为一个频谱，从频谱一端的"预测型方法"到另一端的"适应型方法"逐渐变化，如图3.3所示。

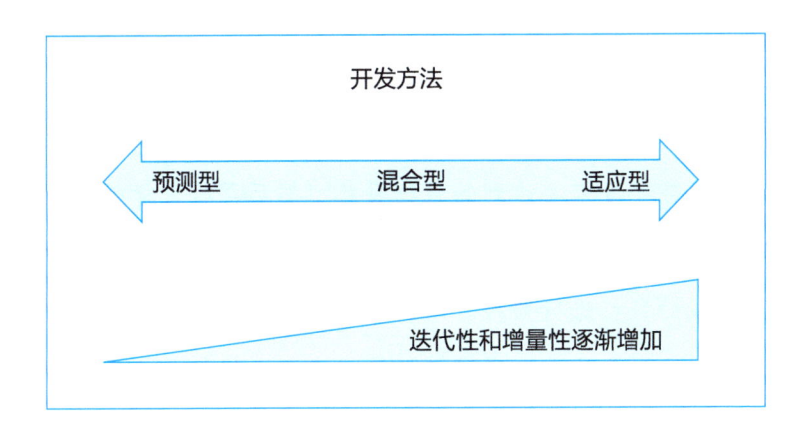

图3.3　项目开发方法频谱

采用预测型方法时，通常需要更加重视预先规划、测量和控制。在项目开发方法频谱的另一端，适应型方法（敏捷型方法）通常先交付MVP，然后通过迭代持续交付价值。

项目交付物的类型决定了选择何种开发方法，接下来从两种类型的项目交付物出发，用示例说明自定义敏控项目开发方法。

> 示例一

某互联网公司业务导向型项目开发方法

一般情况下，业务导向型项目是通过运营一系列业务策略，促使业务的一个或多个业务指标数据提升，进而带来成果收益。项目交付物是一系列经过验证的业务改善策略，项目成果是业务指标数据的提升。此类项目一般会先确定业务年度末要达到的数据目标，然后再将目标拆解到每个季度，这个过程采用预测型方法，通过明确每个季度要完成的目标进行监控。而在每个季度内，采用适应型方法（敏捷型方法），通过持续迭代交付上线相关业务运营策略，促进业务指标提升，进而达到季度目标。业务导向型项目开发方法如图3.4所示。

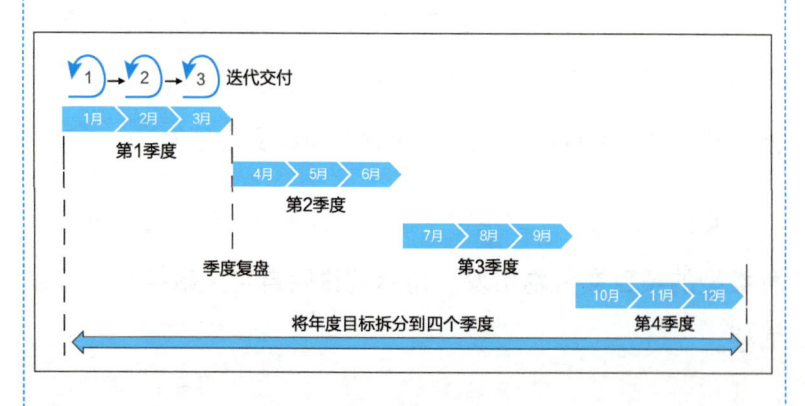

图3.4 业务导向型项目开发方法

示例二

某互联网公司App日常迭代项目开发方法

为了适应公司内部业务发展和外部商业环境变化，成熟的App产品通常要保持日常的功能迭代，持续优化App用户体验，一方面促进现有业务发展，另一方面积极探索孵化新业务。项目交付物是持续优化的具体功能点，项目成果是提升用户体验或孵化出的新业务，开发方法采用适应型方法（敏捷型方法），即基于工作流转的单周迭代方法。根据团队各角色资源、上游输入等优化交付流程，最大限度地减少下游团队的等待时间和资源浪费，优化团队协作效率和可交付物的产出量，动态持续交付。敏捷型单周迭代方法如图3.5所示。

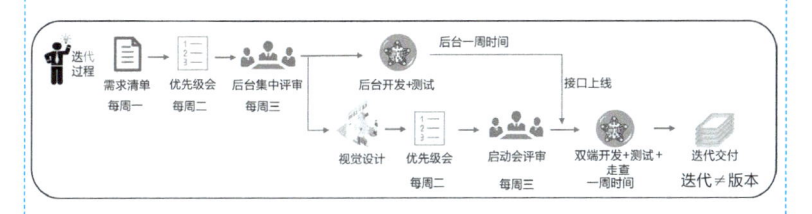

图3.5 敏捷型单周迭代方法

> 📢 **贴士**
>
> **敏捷型单周迭代方法**
>
> 所谓单周迭代，就是把团队各角色〔包括产品策划、交互设计、视觉设计、后台开发及测试、双端开发及测试（安卓和iOS）〕的工作时间盒固定在一周内，每个环节完成后交付下游环节一周时间内完成，使各环节工作流转化，每个环节循环交付，减少各环节等待时间，提高可交付物产出量。
>
> 在单周迭代方法下，团队的工作安排基本上是在固定的时间点：每周一需求收集；每周二需求优先级评审，确定下一个周迭代需求清单；每周三后台集中评审，经过一周后台开发和测试，后台接口上线；同步视觉设计完成，下周三双端启动会评审，双端经过一周开发和测试，本次迭代交付，进入下一个单周迭代周期。
>
> 迭代交付不等于版本上线，代表了版本集成可交付能力。为了节省集成测试资源，团队安排三周迭代集成发版一次，当然也可以随时按需集成发版。
>
> 采用单周迭代，通过每周固定时间评估需求优先级，确保高价值需求优先进入迭代开发，实现了价值持续交付。

3.4 无定式,有原则:敏控项目管理七项原则

当今社会各行各业高速发展,对于项目经理来说,需要基于业务发展,积极应变,主动探索项目管理新模式,提高跨部门协作效率,助力项目快速交付。敏控项目管理一体化整合框架,提供了一套实践方法论,采用基于原则的标准,为项目管理提供支持,方便项目经理基于情境自定义项目管控模式,推动项目交付成果转化,最终实现项目价值收益。敏控无定式,但管理有原则。敏控项目管理一体化整合框架涵盖的七项原则(见图3.6),确保整个项目组织遵循相同的价值观和行为准则。

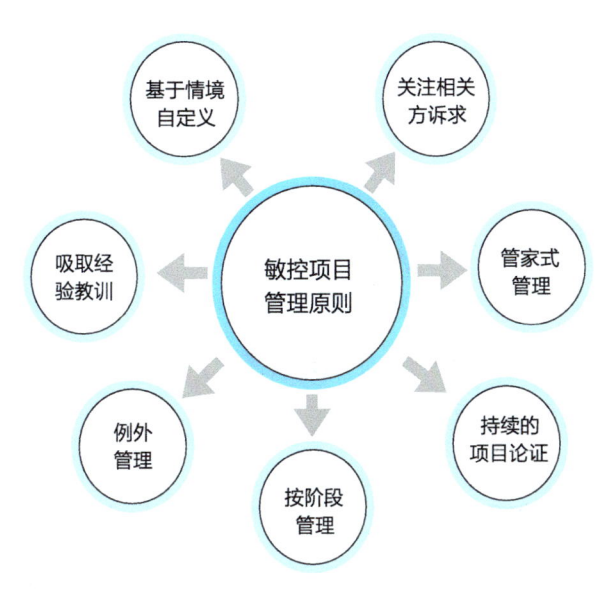

图3.6 敏控项目管理七项原则

1. 关注相关方诉求

从某种角度上讲，相关方都满意则意味着项目成功。项目经理需要持续关注相关方的诉求，特别是在项目启动前期以及下一个阶段开始前。识别相关方并分析他们的诉求，然后针对不同层次的相关方制订沟通计划来应对这些诉求，这对项目的成功非常关键。

2. 管家式管理

当前项目所处环境复杂多变，项目经理需要调整好在项目管理团队中的角色定位，积极为项目管理团队开展服务支持，消除项目内外部障碍，成为勤勉、尊重和关心他人的服务式管家。

> **贴士**
>
> **敏捷教练——公仆式领导**
>
> 公仆式领导的作用是为团队提供服务，清除各种障碍。公仆式领导实践并传播敏捷，具体职责包括：与团队一起定义目标，鼓励每个成员做出贡献，不必遵循"完美"过程，更加注重结果。

3. 持续的项目论证

项目经理要始终铭记发起人为什么要开展项目，想获得怎样的变革，构建怎样的组织能力，获取怎样的收益。当项目不可能达到此目的时，项目经理要采取措施及时纠偏，甚至中止项目。这将保证"项目值得投资、解决方案可交付、用户收益可实现"三个条件始终成立。

在敏控环境下，项目经理要理解MVP的概念及其核心精髓。整个项目中持续的业务验证活动也将重点关注在保持MVP始终有效上。例如，一个在线系统的MVP可以是包含一个简单登录页面的服务描述。如果没有足够多的访客表现出对这个服务的兴趣，就可以不再提供这项服务。

4. 按阶段管理

项目管理委员会可以基于项目风险，将项目划分成若干个管理阶段，并逐个授权给项目经理。只有上一个阶段获得项目管理委员会的认可，才会授权项目经理组织开展下一个阶段的工作。在这一原则指导下，项目经理可以制订覆盖整个项目生命周期的高阶项目计划，然后制订覆盖即将开始的下一个管理阶段的详细"阶段计划"，而后续管理阶段的详细计划则不需要制订。当下一个阶段临近时，项目经理向项目管理委员会报告本阶段的结果和下一个阶段的详细阶段计划，在获得项目管理委员会的授权后才开展下一个阶段的工作。

这种机制使项目管理委员会能够将项目的日常管理工作委

托给项目经理，但依然能够在关键节点参与项目决策，从而避免项目一旦启动就失去控制的风险。同时按照逐个阶段进行计划、授权、监督和控制，在一定程度上解决了"计划赶不上变化"的问题。

5. 例外管理

不同层次的管理者，设置自己关心的项目绩效指标和可以接受的"允许偏差"，然后授权给下一层人员。当下一层人员预计允许偏差要被突破时，要立即向上一层管理者报告，以便给上一层管理者提供机会决策项目将如何纠偏甚至中止。

通过设置允许偏差并建立例外管理机制，管理者能够将"受控"和"自我管理"的理念完全协同起来。在高度敏捷的项目情境下，时间和成本的允许偏差的设置极为严格，这有利于获得敏捷实践指南中各种策略的好处。

6. 吸取经验教训

吸取经验教训要求项目经理不断回顾过去、展望未来，有利于让项目保持受控，并通过反复沟通、减少用户反馈的频度、不断复盘等方式改进项目管理和专业交付工作，实现成功的项目管理的目的。

第3章 因地制宜的敏控项目管理一体化整合框架

> 📢 **贴士**
>
> **敏捷方法中的回顾会议**
>
> 团队对敏捷方法中的每个迭代会召开回顾会议。在回顾会议上，每个团队成员需要重点总结：
> - 自己在这个迭代中做得好的地方。
> - 自己在这个迭代中做得不好的地方。
> - 团队需要改进的地方。

7. 基于情境自定义

项目具有独特性，每个项目都存在于特定的环境下，因此没有一成不变的项目管理方法。在一定程度上，每个项目都需要基于情境进行裁剪，因地制宜，应需而变，自定义符合自身情境的项目管控模式。

裁剪是项目管理团队对项目管理方法、治理和过程做出深思熟虑的调整，使之更适合特定环境和当前任务。项目管理团队也可以对适当的框架内容进行裁剪，从而让该框架带来灵活性，在项目生命周期内持续产生积极的成果。商业环境、团队规模、不确定性和项目复杂度等都是如何进行裁剪的考虑因素。项目管理团队可以使用"刚好够"的管理过程、方法、模板和工件来实现项目期望的成果。裁剪旨在最大化价值、管理制约因素并提高团队绩效。

本章小结

本章介绍了自上而下发展出来的项目管理实践指南、自下而上涌现出来的敏捷实践指南,并根据它们各自的定位,提出了既受控又敏捷的敏控项目管理一体化整合框架。特别介绍了项目开发方法,通过示例说明自定义的敏控项目管理实践,确保项目交付成果,实现收益价值。

最后介绍了敏控项目管理一体化整合框架的七项原则,即关注相关方诉求、管家式管理、持续的项目论证、按阶段管理、例外管理、吸取经验教训、基于情境自定义,为项目经理提供了简单清晰的实践参照。

第4章

洞察现状，提升项目敏捷交付能力

羚羊需要的是比其他羚羊跑得更快，而不是比狮子跑得更快。

——非洲谚语

敏控项目管理一体化整合框架是项目经理开展项目管理实践的指导工具，而对整合框架中每个实践指南的具体应用程度，则需要依据实际情境开展，即项目的管控程度需要与项目的情境相匹配。

为了提升项目成功的可能性、应对快速多变的挑战环境，项目经理需要在确保项目受控的基础上，采用尽可能敏捷的方式来管理项目，以此获得敏捷方法的最大收益。

因此，我们首先需要评估项目现状的敏捷程度，然后在其短板领域采取措施提升项目敏捷度，从而以尽可能敏捷的方式来管理项目，同时又不必担心项目有失控的风险。

4.1
评估项目现状的敏捷度

项目的敏捷度受制于项目内外部环境影响因素。项目经理可以从影响最直接的五个维度来评估项目的敏捷度，从而判断将要采取的敏捷交付方法与情境的适宜性。我们称之为项目敏捷度评估模型（见图4.1）。

4.1.1 交付物的弹性

交付物的弹性是指项目最终交付物的不确定程度。敏捷方法在交付物完全不确定的项目中能发挥更大的价值，而对那些交付物的组成和验收标准都完全确定且不能更改的项目,则不需要太敏捷的项目管理方法。交付物的弹性可以根据表4.1所示的要素进行评估。

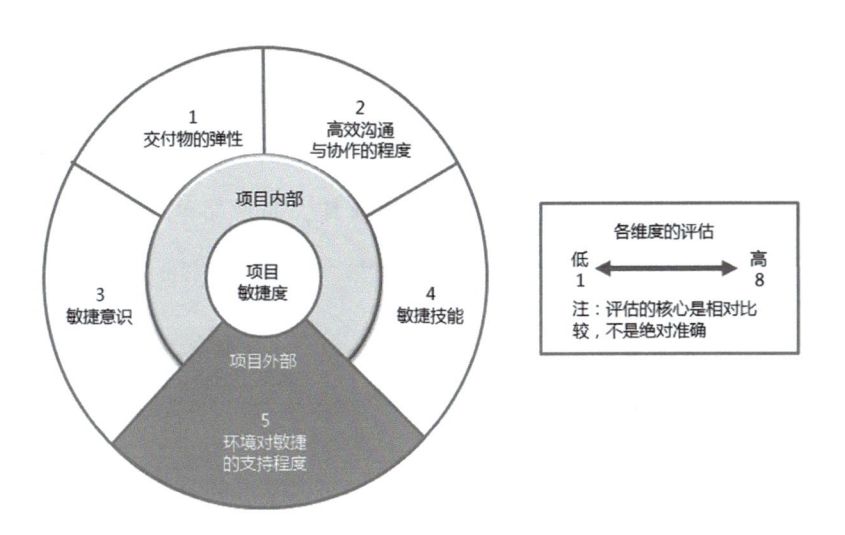

图4.1 项目敏捷度评估模型

表4.1 项目敏捷度维度——交付物的弹性

敏捷度维度	评估要素	敏捷度现状
交付物的弹性	■ 项目交付物高度不确定,需要通过若干变更才能逼近。 ■ 项目交付物的范围和质量是可以改变的,是可以定义优先级的。 ■ 只有坚持某个水平的质量要求,才能获得项目收益。 ■ 固定交付截止时间对获得收益非常重要。 ■ 只完成部分交付物就能够开始帮助用户创造价值。 ■ 可以很容易通过不断迭代来更新交付物的方式提升相关方对最终需要的交付物的认识。	

> **贴士**
>
> **分析交付物弹性的工具**
>
> Cynefin框架（见图4.2）提供了自变量和应变量关系复杂性的分类及应对模型，因此我们可以借助Cynefin框架来分析交付物的弹性。如果按照Cynefin框架的分类方法，敏捷方法最适合"复杂"交付物的项目，而"简单"交付物的项目，其情境并不是特别敏捷。
>
> **复杂**
> 探测、感知、响应
> - 通过探索了解问题，进而检视、调整。
> - 需要创造性的/创新的方法。
> - 为试验活动营造一个容忍失败的环境，以发现模式。
> - 增进交互/交流。
> - 涌现域。
> - 事后才知道。
> - 不可预测性大于可预测性
>
> **繁杂**
> 感知、分析、响应
> - 评估情况，调研几种备选方案，根据良好实践做出响应。
> - 通过专家获得深刻理解。
> - 通过测量数据获得控制权。
> - 良好实践域。
> - 多个正确答案。
> - 因果可以发现，但不是很明显。
> - 可预测性大于不可预测性
>
> **无序**
>
> **混乱**
> 行动、感知、响应
> - 立即采取行动，然后检视，看情况是否稳定，然后调整并尽量把环境迁到复杂域中。
> - 需要做出很多决定，没有时间思考。
> - 立即采取行动，重新建立秩序。
> - 寻找可行的（而非正确的）答案。
> - 新领域。
> - 没有人知道。
> - 没有清晰的因果关系
>
> **简单**
> 感知、分类、响应
> - 评估实际情况，将情况分类，根据已经确定的实践提出相应措施。
> - 最佳实践域。
> - 稳定域（不太可能变更）。
> - 显而易见的因果关系。
> - 有正确的答案。
> - 根据事实进行管理
>
> 图4.2　Cynefin框架

第4章 洞察现状，提升项目敏捷交付能力

> **📢 贴士**
>
> **乙方项目经理的视角**
>
> 乙方的很多项目都是乙方的正常业务，而非组织的变革。对于这类项目，乙方人员应该将自己作为甲方项目组织结构的一部分来思考有关组织变革的问题，这样才能实现甲、乙双方的双赢局面。
>
> 例如，乙方完全按照合同规定交付，而不考虑甲方确立项目的目的。但实际情况是，随着项目的推进，合同中约定的交付物与甲方变革的实际需求已经变成弱关联。这时，乙方项目经理认为交付物是确定的，还是不确定的呢？在过去多年的项目经历中，我们很少严格按照合同约定交付，而是从甲方视角，努力帮助甲方实现其变革。因此我们成为甲方真正的合作伙伴，并持续获得订单，这是乙方的最大收益。

4.1.2 高效沟通与协作的程度

项目具有跨职能性，一个临时的跨职能项目管理团队能否如同一个"作战单位"那样相互信任、尊重、协作、高效沟通甚至发生"化学反应"，是个非常大的挑战。如果能够做到高效沟通与协作，就为敏捷方法的实施提供了优秀的团队资源。

高效沟通与协作的程度可以根据表4.2所示的要素进行评估。

表4.2　项目敏捷度维度——高效沟通与协作的程度

敏捷度维度	评估要素	敏捷度现状
高效沟通与协作的程度	■ 沟通的方式： □ 较少采用正式的书面报告开展沟通。 □ 大量采用非正式的沟通，如面对面沟通和电话沟通。 □ 正式的报告数量很少。 ■ 信息的表达方式： □ 通过原型或模型等可视化方式来真实展现交付物，相关方因此对交付物有一致的理解。 □ 广泛采用可视化的方式来传递信息，且信息的透明度很高（如张贴在墙上的计划）。 ■ 沟通的效果： □ 沟通很高效。 □ 相关方能很容易地检索所需数据、信息和知识。 ■ 团队协作精神： □ 项目管理团队就像文化一致的团队一般，有强烈的集体主义精神。 □ 团队成员没有各自的地盘意识。 □ 一些非正式的沟通造成的工作失误可以被接受。 □ 用户和实施方之间如同伙伴一般。 □ 相关方都能够高度信任、互帮互助。 ■ 团队协作行为： □ 彼此配合，高度协作，高度信任。 □ 互相尊重。 □ 思考如何做得更好，而不是如何免责	

贴士

分析高效沟通与协作程度的工具

项目经理可以利用组织情境分析模型（见图4.3）对项目组织的沟通与协作程度进行评价。信任度高、人员责任心强的项目组织，更关注对项目结果的管控，容易高度授权给交付团队。这种项目情境下的项目组织则会表现出活力、自主、高效沟通与协作的状态，非常适合采用敏捷方法。反过来，信任度低、人员责任心不强的项目组织，更倾向于进行过程控制，表现出关注控制但工作低效的状态，在这种项目情境下，沟通与协作的程度偏低。

另两种状态则比较糟糕。项目组织对人员高度信任，但人员责任心不强，在这种项目情境下，项目可能失控；而项目组织对人员不信任，人员责任心却很强，则容易出现任性和冲突的状态。

	低（L）	中（M）	高（H）
结果（Outcome）	失败和淘汰（Failure & Surprise）		活力和自主（Energy & Exploration）
		驱动和拉动（Push & Pull）	
过程（Process）	命令和合规（Command & Compliance）		任性和冲突（Self Willed & Conflict）

组织控制（Focus） ／ 项目团队责任心（Ownership）

图4.3　组织情境分析模型

> 组织情境分析模型给我们的另一个启示是，已经习惯了受控、员工各司其职、责任心不够强的传统组织，如果向敏捷转型，最好重新招兵买马，在一个项目上开展敏捷试点。而面临充分竞争的创业创新组织，要想获得较高的业绩，必须招聘责任心非常强的员工。

4.1.3 敏捷意识

敏捷意识是指相关方对敏捷方法基本价值观的认同程度，这代表了相关方是否有意愿实施敏捷。如果只是形式上效仿Scrum框架中的每日站会等形式，而这些前提条件不成立的话，那么应用敏捷方法不会获得什么益处。敏捷意识可以根据表4.3所示的要素进行评估。

表4.3 项目敏捷度维度——敏捷意识

敏捷度维度	评估要素	敏捷度现状
敏捷意识	■ 相关方对变更的态度： □ 都认为交付物的变更是正常的，变更得很好，因为这会帮助创变项目获得成功。 □ 都认为在交付物的细节层面拥抱变更会使产品更加精确。 □ 都认为重大变更（如影响MVP的变更）必须被控制。 ■ 相关方对定义优先级的态度： □ 都非常愿意利用优先级排序定义交付物或工作的优先级。 □ 都认为低优先级的交付物可以被取消。	

续表

敏捷度维度	评估要素	敏捷度现状
敏捷意识	□ 都充分理解，可变交付物才能满足项目截止时间的要求，才能保护核心交付物的质量。 □ 不仅是交付团队，用户也会做缩小范围、定义需求优先级这些工作。 ■ 相关方对迭代和增量方法的态度： □ 对于实验和创新感到愉悦且富有激情。 □ 都愿意通过学习、实验和探索来逼近最终交付物，认可不断学习和不断验证是一项长久持续性的工作。 □ 都认为频繁的少量交付是安全方式，也是保持项目受控的好办法。 □ 都认为增量工作的方式是一种真实反馈结果的好方式，而且这种方式能给用户信心，因为用户能看到不断有新的交付物发布	

> **每日站会**
>
> 一个评估项目进展的短会，一般不超过15分钟。会上的主要议题是完成了什么，还需要做什么，需要什么协助等。

4.1.4 敏捷技能

敏捷技能是指相关方对项目所采用的敏捷框架、方法、技术等"术"层面的知识和经验的掌握程度。意识到位，但没有套路，敏捷方法依然不会发挥作用。需要强调的是，在"术"的层面，相关方采用"一致"的术也很关键。敏捷技能可以根据表4.4所示的要素进行评估。

表4.4 项目敏捷度维度——敏捷技能

敏捷度维度	评估要素	敏捷度现状
敏捷技能	■ 在一起紧密工作的项目管理成员： 　□ 经过了相互一致的培训，且实践经验丰富。 　□ 对敏捷的行为、概念和技术了如指掌。 　□ 因采用敏捷方法而感到愉快。 　□ 深刻了解敏捷方法将给他们带来的优势。 ■ 外围的相关方也很清楚在敏捷方式下他们所需扮演的角色	

4.1.5 环境对敏捷的支持程度

环境对敏捷的支持程度是指项目外部客观存在的情况，大部分由组织环境决定，项目经理往往很难改变，需要适应和善用。环境对敏捷的支持程度可以根据表4.5所示的要素进行评估。

表4.5 项目敏捷度维度——环境对敏捷的支持程度

敏捷度维度	评估要素	敏捷度现状
环境对敏捷的支持程度	■ 项目所处的组织环境鼓励项目管理团队采用敏捷的工作方式。 ■ 组织确保项目管理团队的每个人都全职投入。 ■ 组织提供了适当的技能培训。 ■ 组织提供了有利于敏捷方式的工具，如沟通平台、流程平台等。 ■ 紧密合作的团队能够在同一地点工作。 ■ 一旦出现团队成员不能在一起办公等影响高效沟通的情况，管理人员就会立即采取视频会议等形式来减少因此带来的负面影响。 ■ 法律法规或合同中没有限制敏捷方法开展的相关条款	

第4章 洞察现状，提升项目敏捷交付能力

> 📢 **贴士**
>
> **PESTLEO模型**
>
> PESTLEO模型可以帮助项目经理分析项目所处的环境因素（见图4.4）。
>
> ```
>                 P政治因素
>                 - 政治体制
>   E经济因素      - 政治政策       S社会因素
>   - 世界趋势                      - 文化伦理
>   - 国家趋势                      - 人口状况
>   - 行业趋势                      - 家庭变革
>            O组织环境
>   L法律因素                       T技术因素
>   - 国际法律因素    E环境因素      - 产品技术
>   - 国家法律因素    - 自然环境      - ICT技术
>                    - 地点位置
> ```
>
> 图4.4　分析项目环境的PESTLEO模型

> 💡 **示例**
>
> **项目敏捷度评估模型的应用**
>
> 一个以保健品为主要产品的职能型传统国有企业，其产品销量近年来呈持续下降趋势。企业打算由研发部牵头，设计面向老年人的新款保健品来扭转营业额下降的势头。除了面向人群，新产品的核心用途、服用方式、定价等均不明确。研发部需要与市场、销售、生产制造等多个部门配合才能完成这个任务，但相关部门并不积极配合，

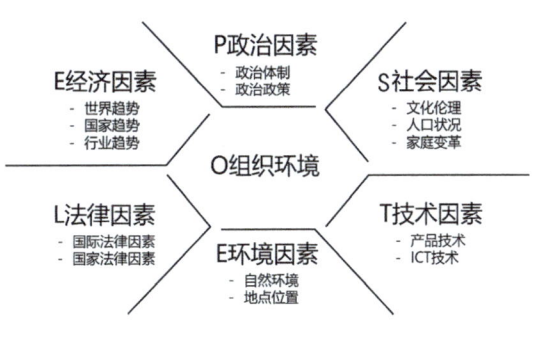

而且没有合适的办公场所、设备设施支持敏捷方法的开展。采购合同中的条款明确规定以固定交付物为验收条件，采购部会严格按照合同付款。企业为了推行敏捷方法，已经组织了多轮覆盖多个部门的Scrum方法培训，并鼓励研发部采用Scrum方法来管理这个项目。

项目经理利用敏捷度评估模型（见表4.6）评估了当前项目的敏捷度。评估结果显示，除交付物和敏捷技能外，其他维度都是项目敏捷度的短板，项目经理要么采取更受控的管理方法，要么采取措施改变情境的敏捷度。敏捷度评估示例如图4.5所示。

表4.6 利用敏捷度评估模型评估当前项目的敏捷度

序号	敏捷度评估维度	敏捷度现状	最大值
1	交付物的弹性	5	8
2	高效沟通与协作的程度	3	8
3	敏捷意识	3	8
4	敏捷技能	5	8
5	环境对敏捷的支持程度	2	8

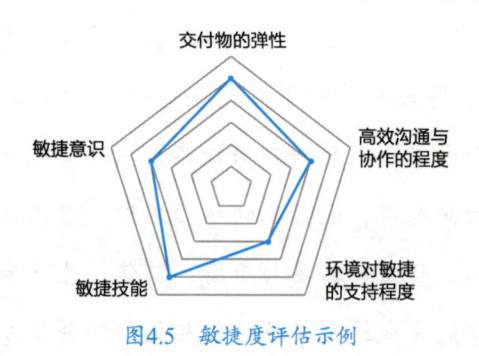

图4.5 敏捷度评估示例

第4章 洞察现状，提升项目敏捷交付能力

敏捷度要素	1	2	3	5	8
交付物的弹性	○	○	○	✓	○
高效沟通与协作的程度	○	○	✓	○	○
敏捷意识	○	○	✓	○	○
敏捷技能	○	○	○	✓	○
环境对敏捷的支持程度	○	✓	○	○	○

图4.5 敏捷度评估示例（续）

4.2 选择措施，提升项目敏捷度

当前商业环境下，大部分项目都很难达到最高的敏捷度，很少有项目处于高度敏捷状态。传统组织可能处于中间偏低的状态，新兴的互联网组织可能处于中间偏高的状态。无论哪种情况，项目经理都应该想办法在项目受控的前提下提高其敏捷度，以提升项目成功的可能性。

项目经理在整个项目过程中，特别是项目早期，应该根据对项目情境的理解，选择适当的措施来提高项目敏捷度（见表4.7）。

表4.7 提高项目敏捷度的可选措施

敏捷度要素	提高敏捷度的可选措施
交付物的弹性	■ 如果需求列表中所有需求都是必需的，尝试与用户讨论并重新定义这些需求的优先级。 ■ 与相关方讨论哪些交付物更适合放在首次发布中。

续表

敏捷度要素	提高敏捷度的可选措施
交付物的弹性	■ 试着识别并计算早期交付物对组织的收益。 ■ 由于时间限制等原因，团队可能选择只完成部分交付物。与团队就"为什么认为这部分交付物更有用"进行沟通。 ■ 由于在确定增量时，团队会选择哪些交付物更"有用"，以确定此次增量包含的需求，因此要采取措施让相关方对交付物"有用"有灵活的理解。例如，"快赢"可能是一种"有用"，技术上证明一个概念也可能是"有用"，首先完成最难的工作也可能是"有用"。"有用"的定义基于情境，需要创变者自定义
高效沟通与协作的程度	■ 使用可视化和易理解的方式展示信息。 ■ 减少正式的书面报告。 ■ 开展团队建设，打破"部门墙"。 ■ 调查为什么人们不愿意相互协作并解决这些问题
敏捷意识	■ 向高层管理者推广敏捷思想。 ■ 向关键的相关方阐述敏捷方法对他们的收益。 ■ 提供一些敏捷意识和知识的培训，帮助用户理解弹性交付物对变革成功的重要性
敏捷技能	■ 提供敏捷意识和方法培训，以提高技能。 ■ 组织更多非正式的工作坊，以提高应用经验。 ■ 利用所具备的敏捷知识指导相关方。 ■ 配置专业的敏捷教练
环境对敏捷的支持程度	■ 将团队成员安排在同一个地点工作。 ■ 如果无法在同一个地点工作，则定期安排会面以加强沟通。 ■ 使用视频会议系统以降低沟通的难度。 ■ 寻找新的工具或技术帮助团队更加敏捷。 ■ 采取措施避免项目成员投入项目之外的工作中。 ■ 尝试调整合同中影响开展敏捷方法的条款，例如，调整严格固定交付物及其验收标准，而完全不允许区分优先级的相关条款。 ■ 帮助第三方人员理解他们在敏捷项目中承担的角色

第4章 洞察现状，提升项目敏捷交付能力

> 📢 **贴士**
>
> **"敏控敏控"小程序**
>
> （1）进入"敏控敏控"小程序。
>
> （2）点击项目敏捷度，选择一个自己的实际项目完成项目敏捷度评估。
>
> （3）点击加速，选择适合的提升措施来提升项目敏捷度。

> 💡 **示例**
>
> **某互联网公司直播新产品从0到1构建研发**
>
> 某互联网公司2022年希望通过推出直播新产品，进而实现公司直播战略。项目从立项启动、团队组建到新产品MVP版本上线，仅用了三个月时间。下面通过实例展示项目管理团队如何通过提升项目敏捷度，实现新产品快速敏捷交付，满足业务运营需求，达成目标收益。
>
> 项目管理团队通过项目敏捷度评估模型，评估项目当前的敏捷度，如图4.6所示。评估结果显示敏捷技能是项目敏捷度的明显短板，项目管理团队对敏捷方法和技能的掌握程度较低，项目经理需要采取措施提升项目敏捷度。

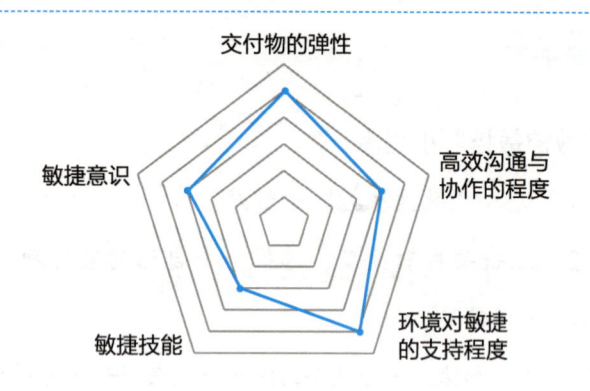

图4.6 直播新产品项目敏捷度评估

提升项目管理团队敏捷技能的具体措施如下:

(1) 项目管理团队明确指定产品负责人和敏捷教练。其中,产品负责人由直播产品经理来负责,评估需求的优先级;敏捷教练由此项目的项目经理担任,提供敏捷服务支持。

(2) 敏捷教练牵头组织与敏捷方法相关的基础培训,确保项目管理团队对敏捷方法有一个基础共识。

(3) 敏捷教练牵头设计具体的敏捷模型,并开展多个层次的沟通及敏捷培训,确保团队和相关方对敏捷模型达成共识,便于推广实施敏捷模型。

① 面向产品研发总监,阐述敏捷方法的益处,邀请总监参与敏捷模型的设计,获得总监对敏捷模型的理解和支持。

第4章 洞察现状，提升项目敏捷交付能力

② 面向产品研发主管、团队成员，通过全员培训，讲述敏捷模型具体的实施细则、给团队带来的收益，并邀请团队成员一起完善敏捷模型，做到团队共建敏捷模型。

③ 面向业务运营部门，讲述敏捷方法给运营部门带来的收益，以及需要运营部门配合协作的执行细则，获得运营部门的理解和支持。

（4）建立敏捷模型定期复盘机制，通过复盘总结会，持续优化敏捷模型，团队成员共同优化敏捷模型并实施。

这里特别强调，营造敏控一体化的项目环境需要从构建健康的项目组织开始。在设计项目组织结构时，一方面设置好项目管理团队，包含发起方、使用方、实施方三方利益代表，基于三方利益设置项目组织结构，帮助组织使项目受控，强化项目控制能力；另一方面将敏捷角色与项目管理团队有机融合，在交付团队中融入敏捷角色，催化项目管理团队的敏捷能力，最终形成既受控又敏捷的项目组织。

本章小结

敏捷不是非黑即白的选择，而是项目需要多么敏捷，项目能够多么敏捷。本章给出了项目敏捷度评估模型、对应的分析工具以及提高项目敏捷度的措施和示例。在实践中，读者可以通过"敏控敏控"小程序的应用，分析、评估和改进这些方法和工具，营造敏控一体化的项目环境。

第5章

明确权责,提升项目管理团队敏控能力

　　一个人一分钟可以挖一个洞,60个人一秒钟却挖不了一个洞。

——邦尼

项目管理团队是一个临时的跨职能组织，可能涉及多个组织，也可能面临全职兼职资源混合的情况。要想获得项目的成功，必须有一个明确的项目管理团队，这也是全面启动项目前必须完成的工作。设计项目管理团队要解决的核心问题是明确定义团队中的角色和职责。职责既不能重复又不能遗漏，效果既拥抱敏捷又支持受控，从而为构建敏控的项目环境提供组织保障。

项目管理最佳实践PRINCE2已经清楚定义了项目管理团队所需的角色和职责，这些在敏捷环境下依然适用。构建受控的项目管理团队只需根据项目情境将角色沿用或合并即可，而敏捷实践指南定义了交付团队内部的角色和职责，但各种敏捷实践指南中的角色并不相同。我们在实践中应参照这些实践指南，基于情境设计覆盖项目管理团队和交付团队的完整项目组织结构。

设计项目组织结构，最终要解决以下两个问题：
（1）如何设置项目管理团队。
（2）如何将敏捷角色与项目管理团队有机融合。

5.1 项目经理在项目组织中的定位：承上启下的服务型项目管家

在项目推进过程中，项目经理有时会产生一种"众人皆闲，唯我独忙"的感觉，认为项目管理团队中只有自己是最忙的，有时为了追项目进度甚至加班加点连续工作很长时间，但是结果往往不尽如人意，不仅功劳没有，而且有时还要被各相关方问责。

我们从项目组织结构建设的角度来解析这个问题。PRINCE2方法论将项目组织结构划分为四个层级（见图5.1）：公司或项目群管理、指导、管理和交付。其中，指导、管理和交付这三个层级属于项目管理团队。公司或项目群管理层（也称战略层）在项目管理团队之外，负责正式批准项目。

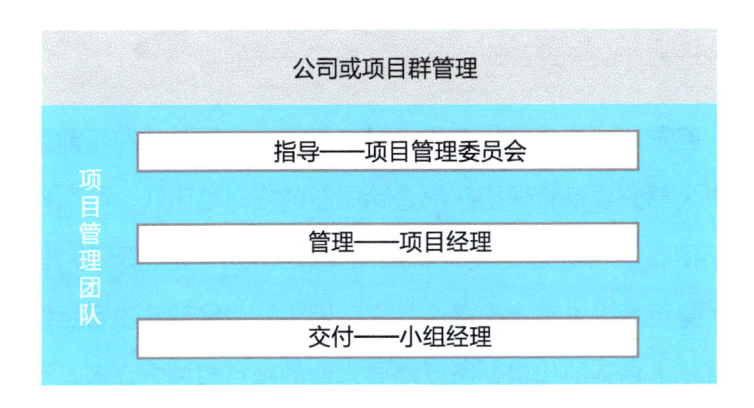

图5.1 项目组织结构

在企业中，项目是企业战略达成的载体，而且战略之下一般存在多个支撑项目。企业高层管理者的战略层和项目管理委员会的指导层会同时面对多个项目。交付层一般是指项目执行团队，负责项目全流程中的项目执行交付环节。按照逐级向下授权管理的方式，战略层、指导层和交付层缺乏沟通的渠道，各自视角和思维模式也不一样。例如，战略层一般很少和具体岗位的执行团队成员去讨论具体项目问题，一些大规模企业因为项目组织的层级性以及项目的跨职能性更加明显。唯一能把不同层级相关方连接到一起的就是项目经理。项目经理相对战略层更了解项目的执行细节，相对交付层更了解项目的整体进展情况。为了让相关方对项目的认知趋于一致，同时为了让项目更加受控，项目经理的协调沟通就变得非常重要。通常，项目经理的很多时间和精力都用于处理利益相关方的沟通协调上，由此可以看出项目经理在项目组织中是至关重要的。但项目经理和产品经理、职能经理又是不一样的。

首先，在社会化分工越来越精细的大背景下，在目前的企业中大部分项目管理团队都是跨职能的临时性团队。和职能经理不同，项目经理是没有长期正式权力的，反而责任大权力小，甚至可以说有责无权。其次，因为项目经理在项目组织中起着承上启下的作用，所以需要沟通的项目相关方众多，而且与不同项目相关方的沟通重点、思路不尽相同。再次，受到企业中职位等于权力的惯性思维影响，大家容易把项目经理和职能经理以及产品经理这样的岗位相混淆，以至于我们经常听到项目经理关于项目管理团队成员不服从安排、不尊重项目经理这样的吐槽。项目经理和产品经理、职能经理的简要对比分析如表5.1所示。

表5.1 项目经理和产品经理、职能经理的简要对比

职位	生命周期	正式权力	核心服务对象	工作要点
项目经理	临时	责大权小	所有相关方客户	项目交付，客户满意
产品经理	全流程	有权有责	所有相关方用户	产品应用，用户满意
职能经理	长期	有权有责	所有相关方上级	工作交付，提高效能

在高度敏捷环境下，项目经理的角色定位是敏捷教练，通过公仆式领导方式，为项目管理团队提供服务，消除敏捷开发过程中的各种障碍。

在敏控环境下，项目经理的角色定位为服务型项目管家，同样为项目管理团队开展服务支持，消除项目内外部障碍。

这里要注意一下，不论是公仆式领导还是服务型项目管家，都没有贬低项目经理的意思。在一些西方影视剧中我们可以发现，英式管家是非常专业且经验丰富的。

在敏控环境下，将项目经理定位为服务型项目管家，更形象地明确了项目经理的角色定位。尤其是在当下复杂多变的项目管理环境下，再加上项目经理没有太多正式权力，要想使项目能够敏捷推动且有效受控，就需要项目经理像英式管家一样灵活自如地做到以人度事、多方平衡。

5.2 识别项目相关方，打造敏控项目管理团队

建设既要敏捷反应又要有效受控的敏控项目管理团队不是一件容易的事情，这需要项目经理全面识别项目相关方，并制定敏捷可控的管理策略，从而构建健康的敏控项目管理团队。

项目相关方是指能够影响项目决策、活动或结果的个人、群体和组织，以及受到项目决策、活动或结果影响的个人、群体和组织。项目相关方涉及项目上下游链条的多方团队或组织。

任何一个项目都存在三方利益：

（1）发起方利益：关注项目收益的投资人利益。

（2）使用方利益：使用项目交付物从而实现收益的使用方利益。

（3）实施方利益：完成项目交付物的实施方利益。

项目组织应该包含以上三方利益。但在诸多项目管理实践中，项目组织只包括实施方利益，这种设置让项目组织面临极大的挑战。

（1）由于缺少代表使用方利益的角色，项目组织（实施方）需要不断协调多个最终用户。而用户常常以"交钥匙工

程"来看待项目，认为项目的所有工作都是实施方的，项目失败也是实施方的责任。项目的推进非常困难，项目的延期也时常发生。

（2）由于缺少代表发起方利益的角色，项目组织（实施方）认为在规定的时间和成本内，按质量要求完成既定的项目范围，就是项目的成功。而实际上，只有为组织带来了新的能力，帮助组织实现了变革的初衷，获得了预期的收益，项目才是成功的。实现变革、获得收益是创变者的思维，项目中应该有代表发起方或投资方利益的角色，来保障变革成功。

所以，项目管理团队中的角色应该基于三方利益进行分解。图5.2参照敏控项目管理一体化整合框架中的实践指南，结合实践案例，给出了项目组织结构的一个示例。

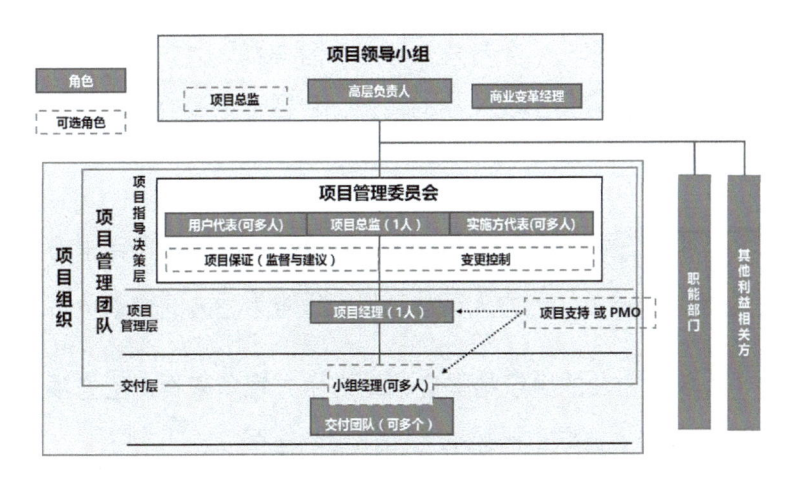

图5.2　项目组织结构示例

说明如下：

（1）项目管理委员会由包含三方利益的管理人员担任，项目总监代表发起方利益，用户代表代表使用方利益，实施方代表代表实施方利益。他们应该是有权力且有精力投入项目中的人员。

（2）项目管理委员会是项目中的最终决策机构，用户代表和实施方代表经常是博弈的双方，而最终的决策由对项目成败负责的项目总监做出。

（3）项目经理发挥承上启下的作用，对项目执行负责，变革成败由项目总监负责。这可能与一些人的认识不同，但在实践中我们更认同这种做法。因为项目总监有权调动组织资源，有权做出关键决策，而项目经理通常权限有限，无法对创新变革项目负责。虽然某些行业项目经理的权限非常大，但那些行业的项目容易出现失控的情况，包括资源浪费甚至发生舞弊行为。

（4）在甲、乙双方的环境下，项目经理最好来自甲方组织。因为本质上，乙方人员从动机上很难为甲方的变革负责。

（5）图5.2的组织结构应该站在甲方视角来看，乙方项目经理通常在上述项目中扮演小组经理的角色。

第5章 明确权责，提升项目管理团队敏控能力

（6）项目的规模不同，角色的数量也不同。在小规模项目中，一些角色可能会删减（图5.2中的虚线角色）。一旦删减，其职责需要并入其他角色。例如，项目保证和变更控制职责由项目管理委员会承担，小组经理和项目支持职责由项目经理承担。

以上各角色的名称不一定会直接采纳实践指南中的名称，而是会根据项目所在的组织情境，选择相关方都能理解的语言来自行定义。多数情况下，角色名称以及相应的职责与行业和组织特征有关。图5.2中的角色名称采用了我们认为更容易被读者理解的称呼。为了便于读者查阅相关实践指南，表5.2给出了对应关系。读者也可以参阅MSP和PRINCE2中各角色的职责描述。

表5.2 项目管理角色名称对应表

本书的角色名称	实践指南中的角色名称	对应的实践指南
项目领导小组	项目群委员会	MSP
项目总监	项目主管	PRINCE2
用户代表	高级用户	PRINCE2
实施方代表	高级供应商	PRINCE2

> 📢 **贴士**
>
> **敏捷实践者看待项目经理的态度**
>
> 在敏捷社区中有一种观点认为没有必要设置项目经理这个角色。持这种观点的理由主要有两个：
>
> - 任何工作都可以分解成确定的、适当大小的模块，从而可以通过日常工作来管理和完成。
> - 在敏捷环境下，"经理"这个词常常有负面含义。这表示团队中缺乏信任。敏捷人的信仰是他们不需要被管理，因为他们可以通过"自组织"实现自我管理。
>
> 这种不需要项目经理的观点在实践中面临很大的挑战。项目经理这一角色客观存在于大量组织中，而且项目经理对大量组织而言不可或缺，他让组织放心，他在推动变革。
>
> 在实践中，我们需要整合项目经理和敏捷的角色，而不是告诉大家，可以取消项目经理，因为任何过度的变革都可能带来灾难性的后果，更何况取消项目经理是不是变革的方向还有待时间检验。但在敏捷环境下，项目经理的行为方式、与其他角色的关系、职责侧重点会有所不同。

第5章 明确权责，提升项目管理团队敏控能力

为了让项目经理能够更加系统全面地识别和管理项目相关方、构建敏控型项目管理团队，下面为大家基于项目管理知识体系梳理了三个简单易行的项目管理工具。

工具1：项目相关方辐射圈

项目经理可以以自我为中心，逐步从上方指导侧、下方实施侧、前方客户侧和后方协作侧向外扩散（见图5.3）。这样分析的优势是更加立体，且与后续的相关方管理工具的联系更加紧密。

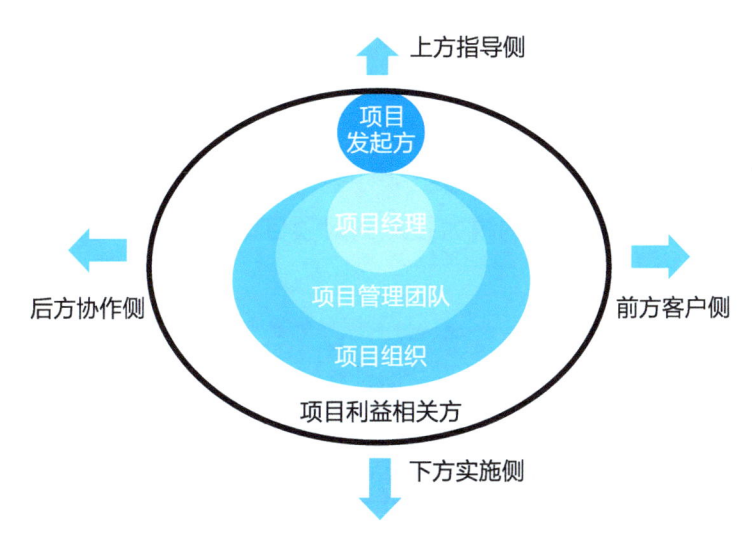

图5.3 项目相关方辐射圈

工具2：项目相关方权力利益矩阵

项目相关方权力利益矩阵是一个相关方管理工具，可以

从权力和利益的维度对识别出来的项目相关方进行区分，如图5.4所示。项目管理团队应重点管理那些权力和利益均比较高的项目相关方。从项目应用实践角度这里要特别注意如下要点：

- 使用项目相关方权力利益矩阵的前提是，对项目相关方的识别已经足够全面且充分。如果项目经理觉得自己没有太多把握可以借助团队的力量或者咨询相关专家，则可能方向不对，越努力，越窘迫。

- 识别项目相关方不是一次就能成功的。本书认为项目的环境是持续变动的，因此对项目相关方的识别和管理也需要因时而变，持续更新。

- 项目经理的精力是有限的，所以要充分利用二八法则，把有限的精力投入到对项目影响更加明显的相关方管理中。

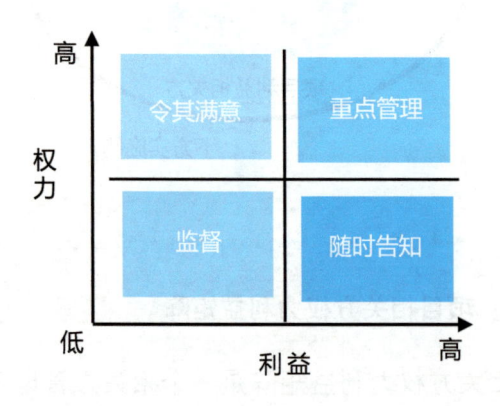

图5.4 项目相关方权力利益矩阵

工具3：项目相关方管理矩阵

因为项目的分工越来越精细，跨职能的特点越来越明显，所以在识别区分项目相关方后可能发现需要重点管理的项目相关方依然不少。这种情况如何处理呢？第三个工具——项目相关方管理矩阵（见图5.5）可以派上用场。将重点管理的相关方按照支持度和影响度两个维度来分类，那么项目经理应该重点管理影响度高而支持度低的项目相关方，因为他们才是影响项目顺利推进的关键角色，他们才是项目经理构建敏控项目管理团队的关键一环。在运用项目相关方管理矩阵的时候，一定要基于项目相关方权力利益矩阵分析清楚重点相关方的核心项目利益诉求。只有明确对方预期，项目经理才能做到有的放矢。

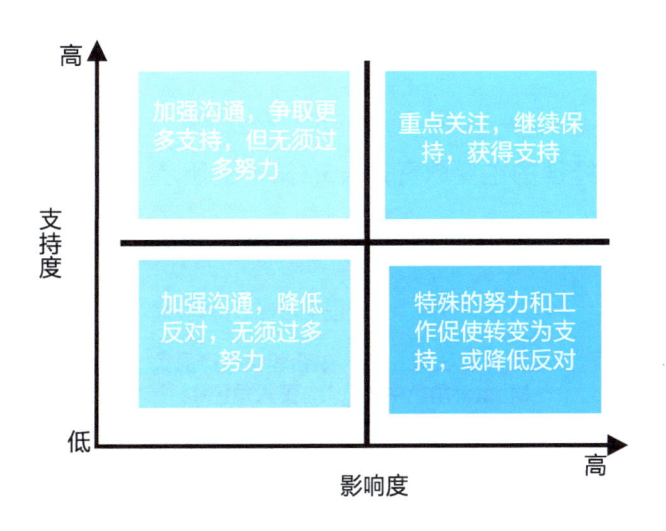

	影响度低	影响度高
支持度高	加强沟通，争取更多支持，但无须过多努力	重点关注，继续保持，获得支持
支持度低	加强沟通，降低反对，无须过多努力	特殊的努力和工作促使转变为支持，或降低反对

图5.5 项目相关方管理矩阵

5.3 整合交付团队角色，催化敏捷能力

项目管理团队的建立提供了项目受控的组织保障，而提高敏捷能力需要在交付团队中融入敏捷角色。重点需要解决的是，小组经理如何与交付团队整合，以及敏捷方法中的产品负责人如何融入项目管理团队中。

5.3.1 整合小组经理职责

大部分敏捷实践指南都基于"自组织"的理念建设团队，并且由团队对交付物共同负责。而PRINCE2方法论认为由小组经理一个人对交付团队的交付物负责。所以我们需要整合小组经理和敏捷团队中的角色，如果取消小组经理，那么小组经理的职责需要由其他角色来承担，以便让项目经理感到团队受控。

小组经理的主要职责如表5.3第一列所示，这些职责与常规敏捷角色职责对应关系见后面几列。

表5.3 PRINCE2中的小组经理与常规敏捷角色职责的对应关系

小组经理职责	是否包含在Scrum Master角色中	是否包含在产品负责人角色中	是否包含在交付团队角色中
制订团队计划	否，但由其促进和支持	是，包含在产品待办清单中，并且进行优先级定义	是，包含在冲刺计划中

续表

小组经理职责	是否包含在Scrum Master角色中	是否包含在产品负责人角色中	是否包含在交付团队角色中
监督和管理团队进展	是，通过辅导团队自组织实现	通过自组织并将产品待办清单透明化来支持对进展的监督和管理	通过自组织并将冲刺的待办清单透明化来支持对进展的监督和管理
与项目经理和相关方保持联系	非常可能，但不是必需的	否	否
管理问题和风险	是	否，但会识别问题和风险	否，但会识别问题和风险
最终组织验收并交付产品	否	是	否，但团队负责交付这些产品

项目管理团队与敏捷角色整合到一起的关键是，项目经理能够在团队中找到小组经理职责，从而使团队工作受控。具体采用哪种方式取决于项目的情境。主要影响因素是交付团队的成熟度、项目经理与团队之间的关系。这需要项目经理自行定义，并根据对项目最终成败负责的项目管理委员会的偏好来选择并决定。

> **贴士**
>
> **敏捷实践指南中的角色**
>
> 知名且应用广泛的敏捷实践指南中的角色，都是在产品交付层面的角色。以下是敏捷实践指南中较为常见的角色。

- 敏捷教练（Scrum Master）。这是一个敏捷环境下的常规角色。Scrum Master一般被看作服务型领导，他促进并辅导Scrum的流程，同时解决团队在交付层面上的困难。Scrum Master是一个与PRINCE2中的小组经理最接近的角色，但在Scrum和大量敏捷的信仰体系中，团队不需要被管理，而应该被引导和辅导。对需要受控的组织而言，的确需要一个角色对团队交付的产品最终负责。

- 产品负责人（Product Owner，PO）。这是敏捷环境下另一个常规且关键的角色。这个角色也经常被看作关键的利益相关方。与Scrum Master不同，很难说产品负责人的职责与PRINCE2的角色完全没有对应，毕竟他与项目中所有交付团队都有关。直接将这个角色引入交付团队中，会给项目带来麻烦。项目经理做出一个简单的规定可能都很困难，因为有多个交付团队就可能有多个产品负责人，而敏捷实践指南中的产品负责人有很大权力，他必须将他的职责和小组经理、项目经理的职责进行整合，才能更好地促进协作。

按照"高度敏捷"到"高度受控"的顺序，以下列出了三种整合方式。

（1）取消小组经理角色（见图5.6）。在这种方式下，大部分敏捷实践指南的角色都很容易沿用。实现这种整合方式的细节包括：

- 确保每个团队成员都清楚谁承担了小组经理的职责。
- 敏捷实践指南中的角色名称保持不变（如产品负责人、Scrum Master等）。
- 项目经理与交付团队的多个人进行联络。
- 如果产品负责人有足够精力且具备项目管理的能力，也可以将产品负责人的职责与项目经理的职责进行整合。

如果只有一个交付团队的小规模项目，那么按照这种方式会比较适合，实现起来也会比较简单。

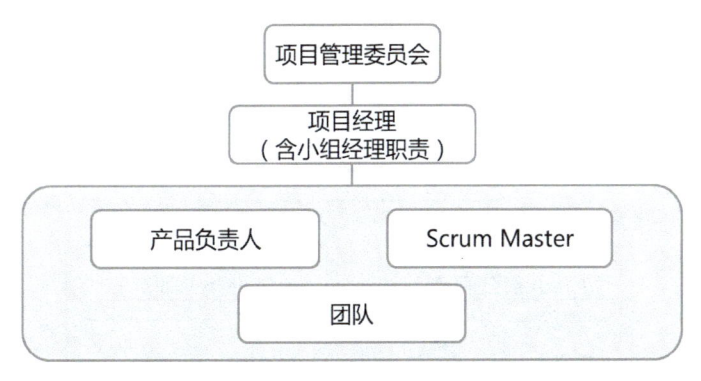

图5.6　取消小组经理角色的项目管理团队

（2）如果有多个交付团队的项目，整合起来则需要小心一些，因为项目中会同时存在多个团队。我们可以保持交付团队的角色，但需要设置与项目经理的唯一联络人（见图5.7）。实现这种整合方式的细节包括：

- 理论上交付团队中的每个人都可以成为项目经理的联络人，但Scrum Master或产品负责人可能是最合适的人选。

- 敏捷团队中的角色名称保持不变。

- 项目经理与小组的联络只通过一个人进行，这个人能够提供项目经理所需的信息。

- 交付团队中负责与项目经理联络的人员可以称为小组经理，也可以保持敏捷方法中的角色名称。

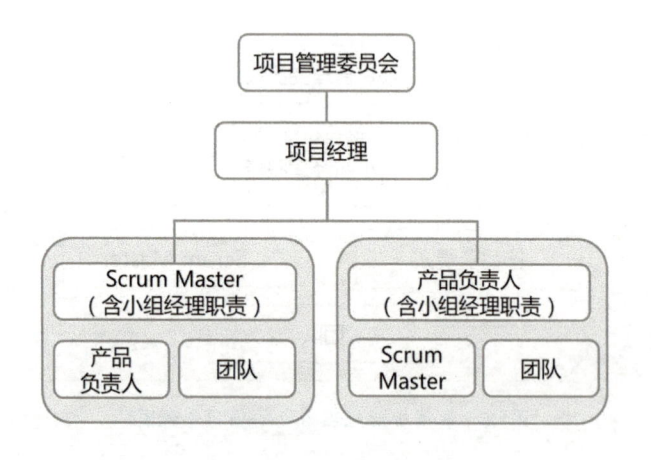

图5.7 将小组经理职责融入敏捷团队

第5章 明确权责，提升项目管理团队敏控能力

（3）如果有多个交付团队的项目，还有一种整合方式，即只在理念层面推动团队敏捷，在具体角色设置上不做强制要求（见图5.8）。实现这种整合方式的细节包括：

- 小组经理负责表5.3中定义的所有小组经理职责。
- 努力实现小组经理与团队的高度协作，并促进团队的"自组织"。小组经理依然对交付团队的最终产出物负责，但不必承担专业工作。
- 项目经理与小组经理联络。

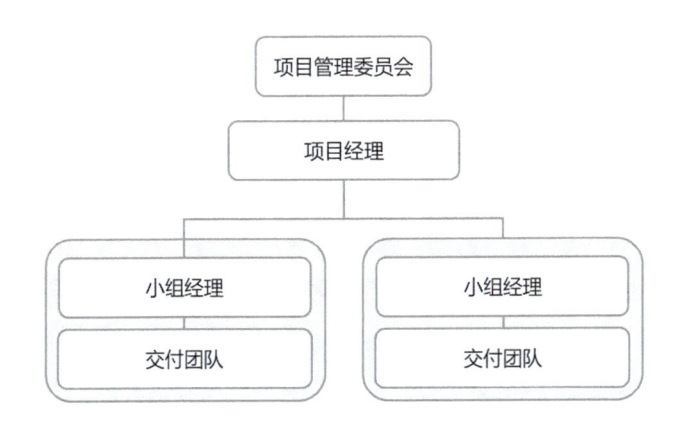

图5.8 保持小组经理角色的项目管理团队

最终选择哪种方式，最重要的影响是，项目经理到底如何与交付团队之间保持联络。

如何整合小组经理的职责到交付团队中，最关键的是平衡

两种需求：

（1）让项目受控。目的是让项目管理委员会或项目经理指导和管理项目的需求。

（2）让项目敏捷。营造一种能够激励交付团队、充分授权的环境，使交付团队能够敏捷地完成项目交付物。

5.3.2 拆分产品负责人职责

在敏捷环境下，用户通常由"产品负责人"的角色（Scrum框架中的三个角色之一）来代表。《Scrum指南》要求产品负责人是一个人，并对最终交付物负责。这对交付团队非常有吸引力，因为产品负责人成了交付团队的唯一联络人，从产品负责人身上可以得到所有需求。但这种简单的模式在项目中运行起来是非常困难的。

项目为变革而存在。大部分项目并非只满足工作层面的用户需求，还要满足高层用户的需求。产品负责人需要在如此广泛的层次范围内收集、定义、推动沟通并协调需求（某些需求之间甚至是冲突的）。这样的工作非常具有挑战性，需要一个非常有经验的高级别人员来完成。由于项目成功的标志是满足所有利益相关方的要求，所以项目需要从多个用户视角来解读项目的需求。因为项目不仅包括一个交付物、一个交付团队，所以让一个产品负责人来应对这样的挑战可能并不合适。让多个高级别的产品负责人在项目经理的组织下工作，可行性非常低。

> **贴士**
>
> **《Scrum指南》中定义的产品负责人职责**
> - 清晰地表达产品待办列表项。
> - 对产品待办列表项进行排序，最大化地实现目标和使命。
> - 优化交付团队所执行工作的价值。
> - 确保产品待办列表对所有人可见、透明、清晰，并且显示交付团队的下一步工作。
> - 确保交付团队对产品待办列表项有足够的理解。

要想在项目中运用敏捷实践指南，那么，正确安排产品负责人角色的职责对搭建既受控又敏捷的项目管理环境至关重要。一种可行的方式是：

由项目管理委员会中的用户代表负责确认高层次用户需求，并对最终产品负责。在交付团队中引入用户主题专家。这个角色通常由用户部门的骨干人员担任，负责细节层面的需求提出和确认工作，交付团队可以安排需求工程师（或其他名称）来协助用户代表开发用户需求。用户主题专家可以叫其他名称，也可以叫产品负责人。但与《Scrum指南》中的产品负责人不完全相同，用户主题专家不是一个人。

这种方式把敏捷实践指南中的产品负责人的职责拆分为两个层次——项目管理委员会中的用户代表负责高层次的需求定义，并对最终交付物负责（如果项目中有多个用户代表，则需要定义需求决策机制）；交付物细节层面的需求，由引入到交付团队内的用户主题专家来承担。用户主题专家也可能是多个人，他们各自负责最终交付物的一部分需求。

主题专家

主题专家（Subject Mater Expert）泛指精通某一领域的专家。例如，用户主题专家是指对用户业务和需求非常了解的专家。这个角色是对特定领域专业人员的泛称。在实践中不同行业会采用不同的名称，如业务分析员、需求工程师、开发工程师、设计师等。

5.3.3 完整项目组织结构示例

我们基于前文的思路来设计既受控又敏捷的项目组织。图5.9和图5.10分别给出了一个交付团队的小规模项目和多个交付团队的大规模项目的项目组织结构示例。它们都是既受控又敏捷的项目管理组织结构。

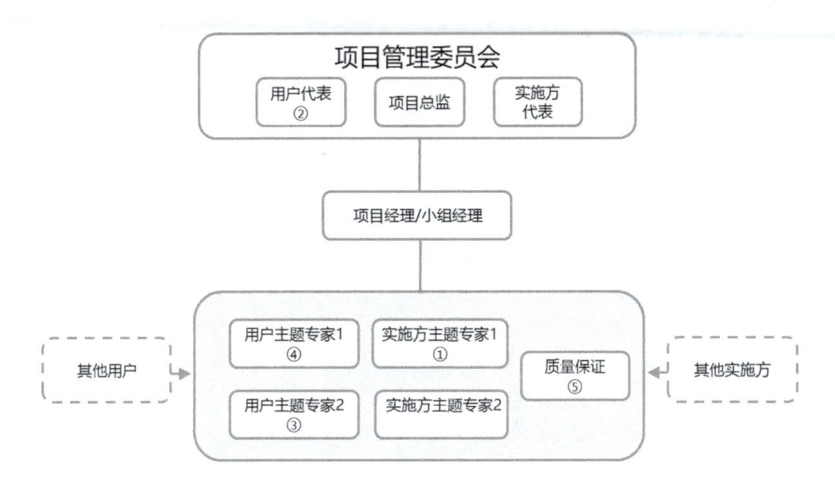

第5章　明确权责，提升项目管理团队敏控能力

图5.9　包含一个交付团队的项目组织结构示例

针对这个示例，说明如下：

①实施方主题专家是全职的，且通常不是一个人。

②高层次视角的项目需求由用户代表承担，项目交付物可能不只由一个用户部门负责，但其他用户部门的需求都由这个用户代表负责。

③细节层次的交付物需求由用户主题专家负责，即使在小规模项目中，由于交付物可能供多个用户部门使用，所以用户主题专家通常都不是一个人——这个角色与敏捷实践指南中的产品负责人职责类似，但并不是同一个人。

④用户主题专家可能是全职的，也可能是兼职的，但在对交付物验收前应保持不变。

⑤质量保证（Quality Assurance，QA）这个角色通常由质量保证部门委派。敏捷实践指南认为QA是没有必要的，因为团队会自组织，所以需要基于组织情境确定QA是否有必要。很多组织有专门的质量保证部门，可能因此需要QA，那么将Scrum Master的过程保证职责安排给QA即可。

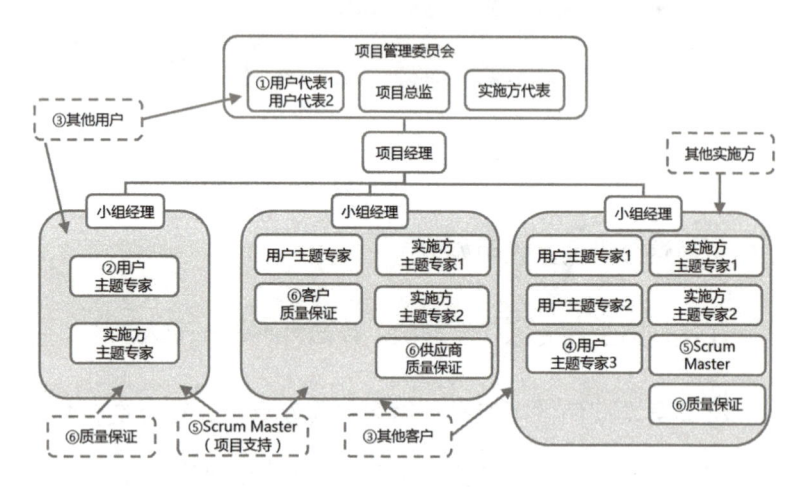

图5.10 包含多个交付团队的项目组织结构示例

针对这个示例，说明如下：

①此示例中有多个用户代表，负责高层次的用户视角需求。在这种情况下，当他们之间的需求出现冲突的时候需要一种决策机制（通常会在项目管理委员会的议事机制中规定）。在高度敏捷的组织环境下，可能有一个人在高层负责所有产品的需求，称为"高级用户代表"、"高级产品负责人"、"产品经理"或"产品负责人"。无论叫什么，都与《Scrum指

南》中的产品负责人是不同的。

②用户主题专家负责所有该小组交付物的细节层次的需求，但高层次的需求由用户代表负责。

③来自多个用户部门的代表可能提出细节或高层次的需求，但都分别由用户主题专家和用户代表受理，他们的需求不直接反馈给交付人员。

④这个小组有多个用户主题专家，他们通常会负责该小组交付物的不同部分，所以最好能够定义他们之间需求冲突的协调机制。但这不是必需的，也可以由实施方主题专家根据情况应对。

⑤Scrum Master可能在单个团队中。在这种情况下，Scrum Master可能兼任其他角色，如小组经理。Scrum Master也可能同时支持多个团队。在这种情况下，Scrum Master可能由项目支持角色来兼任。

⑥用户和实施方如果处于甲、乙双方的商业环境下，质量保证很可能分别来自两个组织，即用户质量保证和实施方质量保证。前者为了确保做正确的交付物，后者为了确保正确的交付物能被做出来。质量保证这个角色可能由质量部门派驻到团队中，也可能来自交付团队之外的人员。

5.4 敏控项目管理团队五大行为准则

关于构建敏控项目管理团队，我们已经明确了项目经理的定位是承上启下的服务型项目管家。项目经理可以利用项目相关方识别辐射圈、项目相关方权力利益矩阵，以及相关方管理矩阵工具识别和管理项目管理团队。为了让交付团队更加敏控，我们也给出了交付团队主要角色整合优化的参考建议。这些都需要项目经理结合具体项目情景剪裁运用。

为了确保大家在不同的项目环境中更加有效实践，我们参考众多敏捷实践指南中的价值观、原则、行为准则，归纳总结出五个方面的敏控项目管理团队行为准则（见图5.11）。它们是项目管理团队能够在不同项目情景下敏捷交付，同时与受控的环境相协同的指导原则。

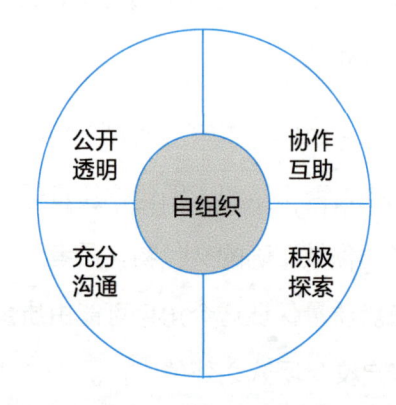

图5.11 敏控项目管理团队五大行为准则

1. 公开透明

无论是好消息还是坏消息，在敏控环境下，项目信息都应该公开。这个行为准则的核心要素来自敏捷的基本价值观：诚实、信任、正直、尊重。公开透明的行为准则是敏控实践中非常重要的部分。

例如，在一个三个月的项目阶段中，项目管理团队将展示工作进程的燃尽图挂在办公室的墙上。所有相关方都看到实际进度和计划进度的差距越来越大。项目管理团队就非常容易意识到项目离目标越来越远，就会自组织地纠正偏差，而不是被动地由管理者安排工作来纠正偏差。

2. 协作互助

如果团队成员能够一起工作并互相帮助，那么整个团队表现出的战斗力会高于每个人的战斗力之和，这就是协作的价值。协作不仅针对项目管理团队内部，还包括与项目管理团队外部的相关方一起协作，特别是与用户的协作。要建立"与用户一起工作"而不是"为用户工作"的意识，这将有助于项目管理团队和相关方对项目目标和交付物有一致的理解，并愿意为此承担责任。

例如，一位团队成员因为遇到一个较难的技术问题，导致进度延后，另一位团队成员则超计划完成了自己的工作，他应该主动去帮助进度延后的团队成员。创变者需要营造这种在互相尊重的基础上，互相帮助、共同前进的团队文化，这是构建高效团队的重要保障。

3. 充分沟通

人们应该使用高效的沟通渠道，例如，面对面沟通就远胜于文字沟通。团队如果能够营造互相信任且每个人都会履行自己承诺的文化，那么充分沟通的环境就能够建立起来，信息就能够自由地传递。当然，人们依然会用文档来沟通，但如果有其他更加有效的沟通渠道，就可以避免或减少文档的使用。

例如，团队中的三个成员通过电子邮件沟通一个可能的设计变更，已经讨论超过一个小时，依然没有取得实质性进展。其中一个团队成员离开自己的座位，邀请另外两人来到白板前，面对面讨论那个可能的设计变更。他们只用了几分钟，就达成了一致意见，使工作得以继续。这就是充分沟通的行为方式。

4. 自组织

实际做事的人通常也是最清楚如何完成工作的人。在敏控环境下，创变者应该信任他们对工作的估计。如果他们创建了一个计划，并且他们对完成这项工作负责，那个计划就会真的实施。

自组织创造了一种互相尊重的文化。项目经理可以授权小组经理关注产品交付，小组经理就会感到被信任。这个原则可以扩展到工作之外，包括团队工作的方法、团队成员之间的互动方式。虽然项目管理委员会对整个项目最终负责，但实际上，在敏控环境下，项目管理团队越被授权，越会取得更加出色的业绩，进而达成项目目标和成果。

我们可以用孩子来类比"自组织"。大人在家里举办了一场聚会，聚会结束后，房间里到处都是玩具。这时大人对孩子们说："快点收拾干净，你们就能够看电视了。"通常，房间依然是乱的，直到大人打开电视，并用关上电视来威胁孩子们。如果不用这种"精细"的管理方式，而是一开始就让孩子们意识到，只要玩具能够归位、房间整洁，就能够看电视。结果通常是，房间整洁，孩子们能够看电视，大人也不会很累。

5. 积极探索

为了交付一个"正确的产品"，团队需要确定"什么是用户真正想要的"，而这个答案在项目早期往往是不清楚的，多数情况下用户也不清楚。项目必须通过"探索"才能获得答案。因此团队需要频繁的迭代，并用各种各样的形式反馈给相关方，以便帮助项目不断"学习"。这个学习可以帮助项目找到"什么是用户想要的"。可以与用户、其他团队成员或相关方一起使用敏捷实践指南中的技术（如SPIKE），来探索项目最终交付的是什么。

本章小结

在项目正式启动前，需要构建项目组织，这是构建敏控项目的"硬环境"。而五大行为准则一定程度上构成了敏控项目的"软土壤"。本章以示例的方式，展示了如何将敏捷实践指南中的关键角色与项目管理角色进行整合，通过明确权责，可以有效提升项目管理团队的敏控能力。项目经理可以结合自己项目的情境，参照这些策略和准则打造一个高效能的敏控项目管理团队。

第6章

目标共识，以终为始
规划项目路径

在准备战役时，我总是发现计划（Plan）价值甚微，但策划（Planning）却必不可少。

——德怀特·戴维·艾森豪威尔

项目管理是一种典型的基于目标的管理模式。"以终为始"是项目管理的出发点,启动项目前,要搞清楚项目的终点在哪里,项目的目标收益是什么,公司的战略规划目标是什么,确保项目执行的方向与公司的战略目标相一致。在项目执行过程中,通过遵循敏捷迭代、按阶段交付,团队帮助公司实现预期的项目收益。规划项目路径过程包括:

(1)确保项目价值,桥接项目到组织战略目标。

(2)界定项目交付物,按阶段动态敏捷交付。

(3)基于目标产品,规划项目计划。

以上内容恰好覆盖了项目管理的六个绩效指标:收益、范围、质量、时间、成本和风险。其中,项目管理最关注的就是项目的目的——收益,而实现收益则依靠项目交付物(范围)为组织"赋能"。因此项目管理需要在质量、时间和成本的限制条件下制订计划,回答如何才能完成这些项目交付物。

这六个指标并非并列关系(见图6.1)——收益是开展项目的前提,是项目的最终目标,而范围、质量、时间和成本都是项目过程指标,也是制约项目的因素,而风险是这五个指标的预警指标。

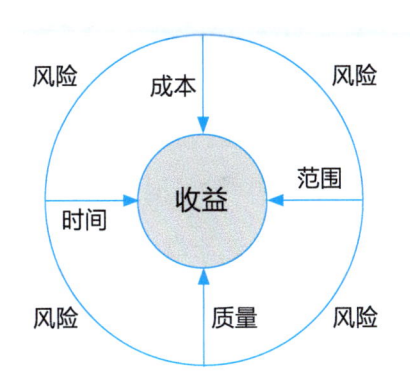

图6.1 项目管理的六个绩效指标及其关系

6.1 确保项目价值,桥接项目到组织战略目标

6.1.1 论证项目收益

只有确定项目可以产生收益,才有必要启动项目。我们把对收益确定性的论证称为"项目论证"。

项目论证应该从三个维度进行,如表6.1所示。

表6.1 项目论证的三个维度

项目论证的维度	责任人	常用技术
项目是值得做的	发起方/投资方	投资回报率 投资回收期 净现值
项目是可交付的	实施方	技术可行性评估
收益是可获得的	使用方	业务可行性评估

(1)项目是值得做的。作为一种投资行为,项目必须考

虑投资回报。这一点应该由掌控资源的投资方或项目发起方来判断。

（2）项目是可交付的。除了有收益、有价值这个前提条件，还要有能力交付项目。这一点应该由承担具体交付任务的实施方来判断，评估在期望的时间和资源要求内是否可以交付这个项目。

（3）收益是可获得的。项目交付只是第一步，交付后的成果转化、获得收益才是项目的最终目标。收益能否获得，应该由使用方代表来评估论证。

收益应该采用可衡量的方式进行描述，而评价指标和评价方式都依赖于利益相关方的诉求。最好的项目论证是将收益与组织的业务建立关联，这样就能够将收益用财务数据来表达。但有些项目（如内部管理提升类项目）会提高组织效率，那么收益如何衡量呢？在这种情况下，可以采用定性衡量的方式。如果定性衡量不能帮助组织确定项目是否值得做，那么常见的做法是通过建模，将工作时间转化为财务价值进行定量衡量。有些项目的收益是合规的，这类项目一般采用定性衡量的方式。

在大部分情况下，项目论证是渐进明晰的。表6.2通过一个呼叫中心建设"知识管理信息系统"项目的例子，说明项目收益是可衡量的，也是渐进明晰的。

表6.2 项目论证演变过程

时点	收益描述	定性/定量	支持决策的程度
项目启动前	当前，相当多的用户服务请求都需要转交二线才能解决。因此我们应该提高首次电话呼叫关闭率，需要一个知识管理信息系统	定性评价	低
项目获得批准时	我们需要建设一个知识管理信息系统（输出），以便在首次电话呼叫时能够关闭80%的服务请求，这样就能够降低10%的工作量（成果），从而无须雇用更多员工，这将每年为呼叫中心节省20万元的成本（收益）	定量评价	中
项目进展中	我们需要建设一个知识管理信息系统（输出），以便在首次电话呼叫时能够关闭90%的来自VIP的服务请求，这样就能够将他们的满意度提升3%（成果），这将每年为呼叫中心增加30万元的新产品收入（收益）	定量评价	高

6.1.2 梳理项目收益地图，桥接项目收益与组织战略目标

项目交付应该支撑组织最终战略目标的实现，或与其紧密关联。项目启动前论证了项目收益的三个维度，接下来还要思考如何通过项目交付实现收益，以及收益将支撑组织的哪些战略目标。通过梳理从项目产出到成果收益的路线图（见图6.2），项目管理团队不仅可以明确项目的产出、成果和收益，而且可以了解在实现收益路径中的关键任务、所需资源和主要风险。从项目产出到成果收益的路线图主要分为五个步骤：

（1）明确项目的产出。

（2）从产出到成果。

（3）从成果到收益。

（4）从收益到战略目标。

（5）从项目产出到项目负收益。

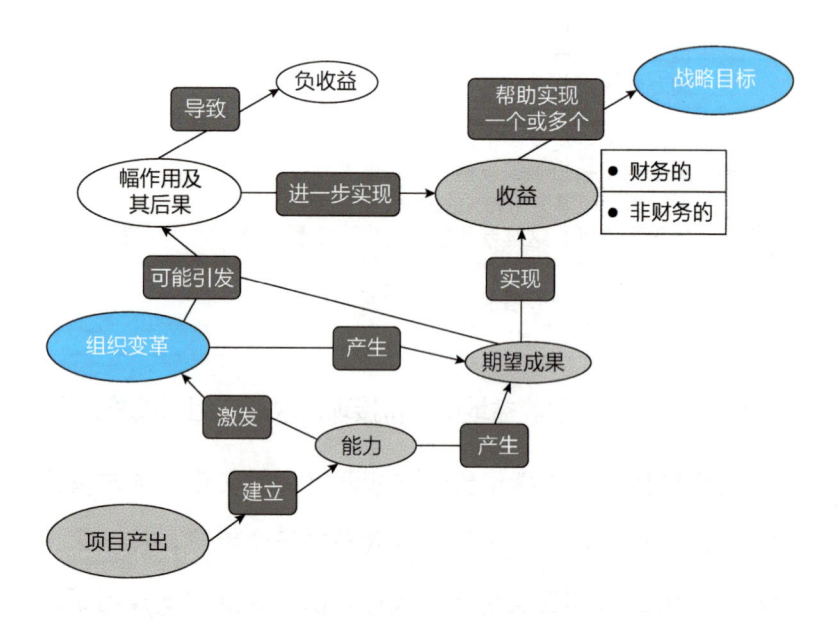

图6.2　从项目产出到成果收益的路线图

另外，项目管理团队还可以通过收益地图管理工具自下而上地桥接项目收益与组织战略目标之间的关联性，确保项目收益与组织战略目标相一致。项目收益地图如图6.3所示。

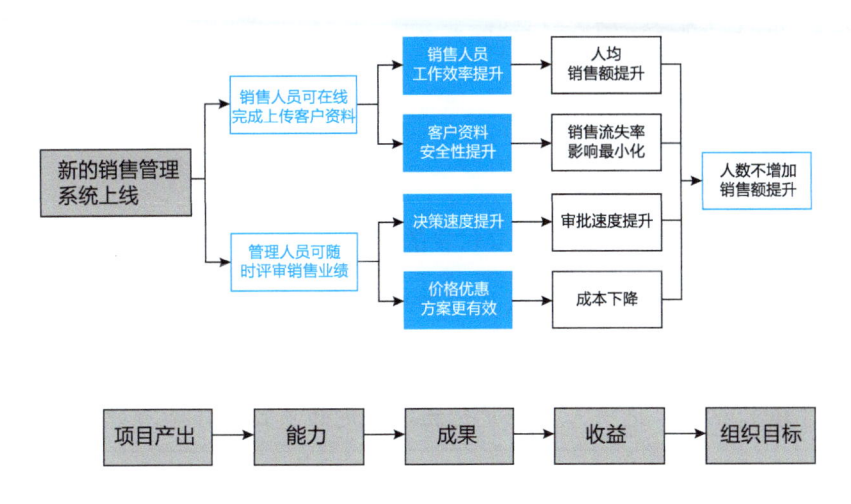

图6.3 项目收益地图

项目是创新和变革的载体，不同于公司日常的运营类工作。项目管理团队必须明确项目目标和收益与组织战略目标之间的关系，以及项目目标对战略目标的影响程度，证明项目是有价值的，这样有利于争取组织高层领导的支持。注意，启动一个新项目，一定是这个新项目可以有力地支撑某一个特定的战略目标，而不是组织所有的战略目标。

6.2 界定项目交付物，按阶段动态敏捷交付

6.2.1 界定项目交付物

界定项目交付物是定义项目范围和验收标准。虽然在敏捷度较高的环境下，交付物是渐进明晰的，但依然需要界定交付

物的基线版本，从而引导团队的工作方向。

> 📢 **贴士**
>
> **利用用户故事识别交付物的组成**
>
> 用户故事也是定义交付物组成的有效工具。用户故事通过如下固定句式，从用户视角识别需求，从而定义交付物的组成。这一工具在交付物不确定的项目中非常有效。
>
> "作为（As）……，我想（I want）……，以便我可以（So that）……"
>
> 视频评论需求的一个用户故事示例：作为新闻阅读用户，我想直接用视频方式参与评论，以便我多元化表达自己的观点。
>
> 通过用户故事描述，识别此需求涉及的交付物：视频评论发布系统，评论展示界面样式调整。另外，由于增加了新的评论形式，后台审核系统需要兼容视频评论的有效审核。

弹性交付物是应用敏捷方法的前提。弹性包含两层含义。

1. 交付物的组成是有弹性的

弹性交付物是指交付物的各个组成部分是有优先级的。如果用户认为所有交付物都一样重要、不能删减，这种项目就处

第6章 目标共识，以终为始规划项目路径

在一个敏捷度较低的环境下，团队只能在意识层面推动敏捷实践，而无法获得敏捷方法的更多好处。项目经理应该采取措施改变这种情况，提升项目敏捷度。例如，与用户讨论交付物的哪些组成部分是MVP、哪些交付物放在首次发布中，这将有助于与用户就交付物的优先级达成共识。

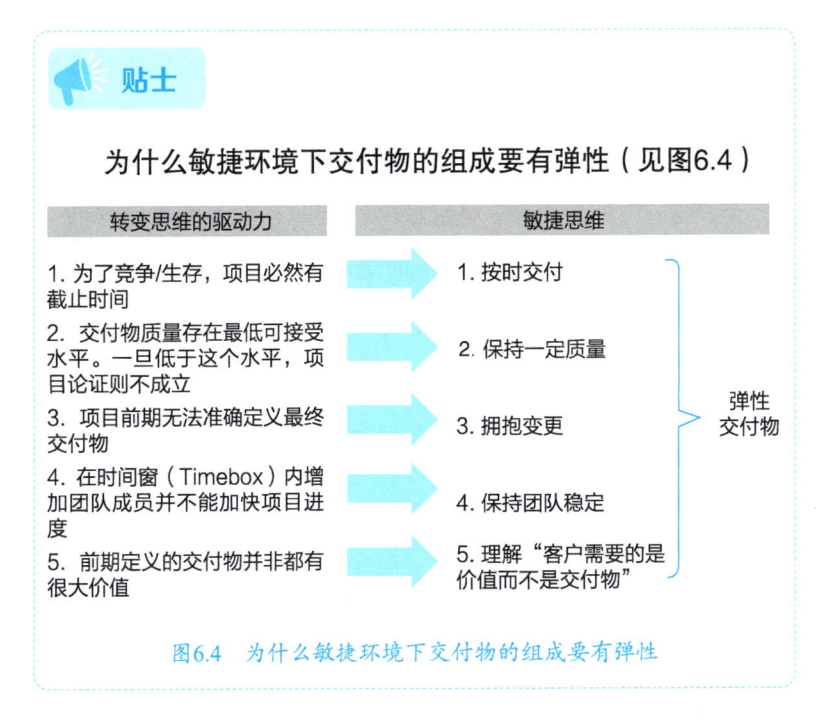

> **贴士**
>
> **为什么敏捷环境下交付物的组成要有弹性（见图6.4）**
>
> | 转变思维的驱动力 | 敏捷思维 | |
> | --- | --- | --- |
> | 1. 为了竞争/生存，项目必然有截止时间 | 1. 按时交付 | |
> | 2. 交付物质量存在最低可接受水平。一旦低于这个水平，项目论证则不成立 | 2. 保持一定质量 | 弹性交付物 |
> | 3. 项目前期无法准确定义最终交付物 | 3. 拥抱变更 | |
> | 4. 在时间窗（Timebox）内增加团队成员并不能加快项目进度 | 4. 保持团队稳定 | |
> | 5. 前期定义的交付物并非都有很大价值 | 5. 理解"客户需要的是价值而不是交付物" | |
>
> 图6.4 为什么敏捷环境下交付物的组成要有弹性

2. 交付物的验收标准是有弹性的

无论项目情境是否敏捷，定义交付物的验收标准都是必需的。而定义最低验收标准及其允许偏差则是在敏控环境下可能采取的措施。验收标准也是渐进明晰的，所以早期的验收标准

不需要定义太多细节。但无论何时定义的验收标准，都需要描述得足够清楚，使之可以用于验收。

6.2.2 按阶段动态敏捷交付

项目本身具备独特性的特征，同时更多利益相关方的参与也增加了项目的复杂性，而多变的环境加剧了项目过程的风险和项目结果的未知性。这样，基于价值追求，按阶段迭代实现收益的敏捷交付就成了不二选择。

当聚焦于项目最终收益目标的实现时，项目的基线就不仅是按时完成工作任务或产出，而是基于项目生命周期，从收益、成本、时间和风险的维度，按阶段动态敏捷交付，分阶段实现项目收益，即按阶段持续地论证项目的必要性、可行性和可达成性，确保项目执行方向与组织战略目标相一致。

6.3
基于目标产品，规划项目计划

6.3.1 基于目标定计划

1. 制订计划的方法

计划是一个为了完成项目最终交付物的工作安排。其内容包括谁、什么时候、完成什么交付物，以及这些交付物的质量标准。

在实践中，很多项目经理习惯于从实施方视角出发，基于需要完成的专业工作制订计划。需要理解的是，项目是为了实现收益（发起方关注），收益依靠对交付物的使用来实现（使用方关注），而交付物需要实施方的工作来完成（实施方关注）。计划要完成的专业工作只是一种实施方视角的计划，而这种视角的计划忽视了变革的本质——收益，以及实现收益的途径——交付物。所以项目经理在制订计划时，要基于收益进行项目目标分解，基于最终交付物进行产品分解，基于专业技能进行工作分解。其逻辑如图6.5所示。

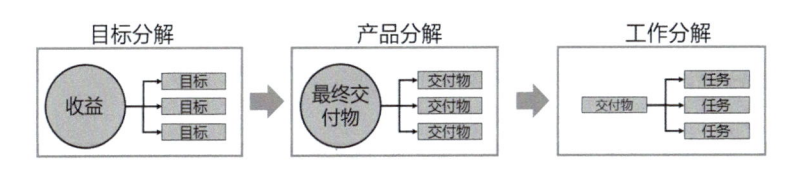

图6.5 基于目标定计划

实际上，如果实施步骤简单或实施组织规模较小，工作分解则可以省略，但目标分解和产品分解则不宜省略，因为目标分解和产品分解需要得到发起方和使用方的确认。

2. 计划的层次

因为计划有多重目的，所以计划应该分层次制订。

（1）项目计划。覆盖整个项目生命周期粗颗粒度的计划，体现了管理阶段的划分和每个管理阶段的主要交付物。

（2）阶段计划。覆盖单个管理阶段的详细计划，体现了某个阶段内实现交付物的安排。

（3）小组计划。某个小组的工作计划，体现了该小组实现交付物的具体安排。

在小规模项目中，不需要小组计划，直接用阶段计划替代。项目经理在策划项目管理方案时，需要确定项目将包括几个层次的计划。

无论何种计划，其目的都是用来实现与利益相关方的有效沟通。在敏控环境下，沟通策略中定义的沟通对象、内容、方式和频次直接影响了各种计划的制订。

> **贴士**
>
> **如何设置管理阶段的长短**
>
> 管理阶段设置的长短与项目风险有直接关系。
>
> 一个交付物高度灵活、项目管理团队经验不足的项目，其失控风险较高，则可以设置多个较短的管理阶段，以更好地控制项目风险，使组织和项目经理有机会及时纠偏甚至终止不再可行的项目。
>
> 一个金额虽然很大，但团队成员经验丰富、交付物明确清晰的项目，则可以设置两个管理阶段：一个是计划阶段，另一个是实施阶段。项目风险依然可控。

📢 贴士

敏控环境下整合计划的示例

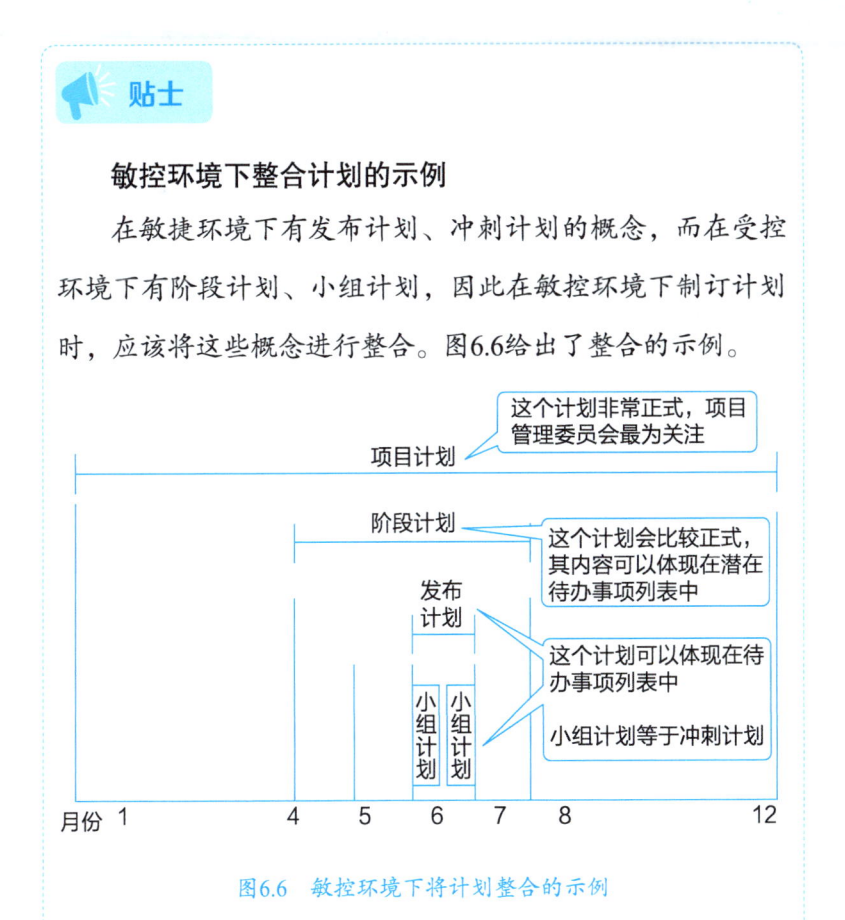

在敏捷环境下有发布计划、冲刺计划的概念,而在受控环境下有阶段计划、小组计划,因此在敏控环境下制订计划时,应该将这些概念进行整合。图6.6给出了整合的示例。

图6.6 敏控环境下将计划整合的示例

3. 计划所需的资源

制订计划的过程就是落实资源及其成本的过程。基于成本可以确定项目的预算。项目经理可以考虑三种类型的预算:

(1)固有预算。为了完成项目交付物所需资源所对应的成本。

（2）变更预算。为了应对需求变更而预留的资源所对应的成本。

（3）风险预算。为了应对风险所需资源所对应的成本。

通常，固有预算由项目经理支配，而变更预算和风险预算则需要基于项目情境，设计相应的审批机制。

6.3.2 按阶段管理项目

有效的项目管理依赖于有效地编制计划，因为没有计划，就没有了控制的基础。利用编制计划，项目管理团队可以提前思考，类似于"预演项目"。这样的预演可以帮助团队识别和管理任何疏漏、重复、威胁和机会。越涉及将来的时间，编制计划就变得越困难。在开始时就对整个项目编制很详细的计划是不可取的，也是不可能的。所以，需要在范围和详细程度的不同层次上编制计划。

只有细节是可管理的和可预测的，才能编制计划。如果试图超越合理的规划周期编制计划，就会浪费大量精力。例如，几乎可以确定，一个明确定义了每个团队成员未来12个月具体工作的详细计划，在仅仅执行几个星期后，就会发现计划不准确了。因此，把编制详细的短期计划和概要的长期计划相结合是一种有效方法，即编制项目整体概要计划，将项目划分为不同的管理阶段，然后在每个阶段基础上进行计划、授权、监督和控制。项目按阶段管理与计划的关系如图6.7所示。

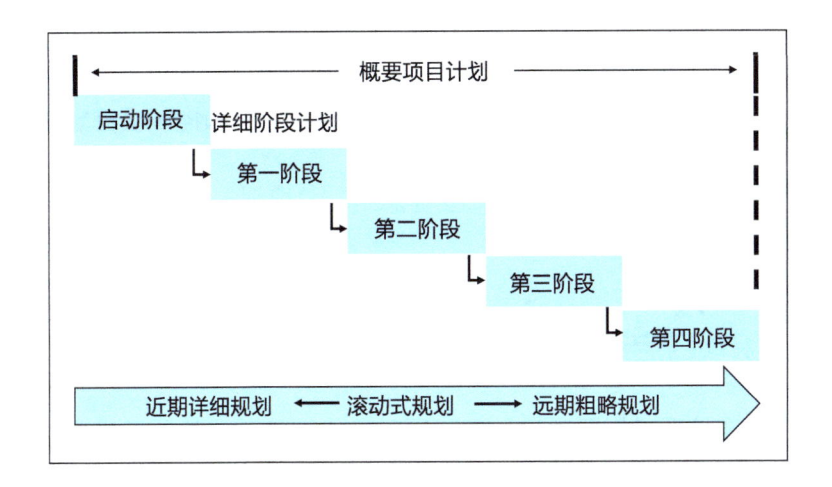

```
概要项目计划
启动阶段  详细阶段计划
         └ 第一阶段
              └ 第二阶段
                   └ 第三阶段
                        └ 第四阶段
近期详细规划 ← 滚动式规划 → 远期粗略规划
```

图6.7 项目按阶段管理与计划的关系

在敏捷度较高的环境下，项目管理团队按照业务需求确定项目整体的上线时间，同时规划版本发布计划，初步确定版本发布的次数，以及版本发布的时间节点，进而确定项目整体的时间计划。在当前发布时间节点要求下，项目管理团队详细规划迭代次数和迭代交付时间节点，进一步规划当前迭代的详细工作任务，然后开展项目迭代执行工作。在这里，通过明确版本发布次数和发布时间节点，团队可以对项目进行阶段划分，便于按照阶段来管理项目。

最后，总结一下按阶段管理项目的要点：

- 项目基于不确定性风险划分成多个不同的管理阶段。

- 制订高层次的项目整体概要计划和详细阶段计划（当前阶段）。

- 在每个阶段的基础上计划、授权、监督和控制项目。

- 每个阶段结束时做好复盘总结，并规划下一阶段计划。

6.4
组织项目启动会，用收益与项目利益相关方结盟

在梳理完概要项目计划和项目组织结构后，就要正式启动项目了。项目管理团队由不同利益相关方构成。如何让不同利益相关方启动项目呢？项目启动会是一种较好的正式启动项目的管理工具。项目启动会要点如下。

1. 会议目的及价值

让项目管理团队及各利益相关方了解项目背景，并认同为什么要做这个项目，相关方对目标达成一致，明确项目管理团队分工职责以及相关协作机制，鼓舞人心，激励团队士气，提升团队凝聚力。

2. 会议组织形式

项目管理团队全员及各利益相关方、项目管理委员会、项

目高层领导参加的正式会议，明确项目总体要求。

3. 会议输入

包括项目目标、项目阶段划分、项目组织结构、团队分工及职责安排、项目管理机制。

4. 会议过程

（1）项目高层领导讲话，讲述项目背景，明确项目总体要求。

（2）项目发起方讲话，讲述项目目标及价值、不同团队视角的收益价值，明确指定一位项目经理负责项目管理工作。

（3）项目经理介绍里程碑阶段划分、阶段交付物、项目组织结构及分工职责、项目管理协作与沟通机制。

（4）相关方沟通讨论，针对目标、阶段划分、组织结构、分工职责、协作机制达成共识。

5. 会议输出

对项目目标达成共识，确认项目阶段划分（包括共识后续的第一个交付阶段计划），成员确认分工及职责，团队承诺概要项目计划，输出会议纪要及行动项。

项目启动会参考运作流程如图6.8所示。

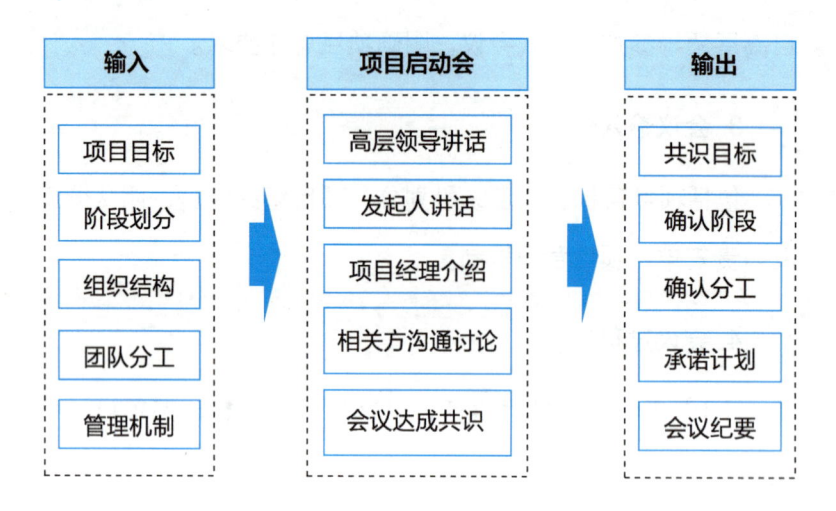

```
┌──────────┐    ┌──────────────┐    ┌──────────┐
│   输入   │    │  项目启动会  │    │   输出   │
│          │    │              │    │          │
│ 项目目标 │    │ 高层领导讲话 │    │ 共识目标 │
│ 阶段划分 │ ➔  │ 发起人讲话   │ ➔  │ 确认阶段 │
│ 组织结构 │    │ 项目经理介绍 │    │ 确认分工 │
│ 团队分工 │    │ 相关方沟通讨论│   │ 承诺计划 │
│ 管理机制 │    │ 会议达成共识 │    │ 会议纪要 │
└──────────┘    └──────────────┘    └──────────┘
```

图6.8　项目启动会参考运作流程

项目启动会主要是信息共享，将项目收益告知项目管理团队，并争取项目各团队资源上的支持。开会前项目经理要与各相关方团队展开沟通准备工作，确保项目启动会顺利进行。一般项目启动会控制在一个小时内，重点不是讨论具体问题，而是针对项目概要计划、目标、分工职责、管理机制达成共识，为后续开展项目协作奠定基础。

> **贴士**
>
> 在敏捷度较高的环境下，迭代计划会是迭代中最重要的会议，在每个迭代开始前都会组织团队召开，标志着迭代的开始，以及团队对用户故事的承诺。迭代计划会一般分成两个阶段。

第6章 目标共识，以终为始规划项目路径

第一阶段：产品负责人与团队一起从产品待办清单中选择待完成的用户故事，并放到当前迭代的待办清单中，产品负责人讲解用户故事，团队确定迭代目标。

第二阶段：团队针对迭代待办清单中的用户故事拆分任务和确认任务，给出工作量估算。

本章小结

本章阐述了制订项目计划前，通过论证项目收益、梳理项目收益地图，将项目收益与组织战略目标相关联，确保项目管理团队对项目价值达成共识。通过清晰界定项目交付物，基于目标产品规划项目计划，并通过分阶段管理项目，动态敏捷交付实现项目收益。最后介绍了如何有效组织项目启动会，以确保项目各利益相关方达成共识。

第7章

敏控执行方法,持续论证项目价值

用确定性应对不确定性,用已知管理未知。

——风险管理原则

项目经理组建了敏控项目管理团队，并基于目标产品，以终为始制订了三个层次的项目计划。项目执行过程中，通过分阶段管理项目，项目经理需要重点关注项目的六个绩效指标：收益、范围、质量、时间、成本和风险。项目经理需要在质量、时间和成本的限制条件下，完成项目交付物，实现交付成果转化，动态敏捷实现项目收益。

为了顺利完成项目交付物，项目经理还需要提前设计如下管理机制：

（1）风险化解机制。通过组织阶段评审，以此来应对项目的不确定性风险。

（2）变更管理机制。通过有效管理内外部各种因素导致的项目变更，持续论证项目价值，确保项目管理委员会做出正确决策。

（3）例外管理机制。通过对每个项目的收益、风险、范围、质量、时间和成本六大指标设定允许偏差和例外管理，实现项目受控、团队高效敏捷交付。

7.1

风险化解机制，应对化解项目风险

项目计划基于目标制订，执行依赖于资源。不确定的风险

第7章 敏控执行方法，持续论证项目价值

会影响资源的可用性，进而影响目标的实现。在不确定性较高的环境下，有效应对风险尤为重要。项目经理和项目管理团队需要重点关注对项目产出交付物、成果转化、目标收益有影响的重大风险，在策划风险化解机制时，可以将风险管理活动融入项目执行过程，通过划分项目阶段时长，用阶段计划的确定性来应对项目整体计划的不确定性。

接下来介绍一种实践做法，即结合项目分阶段管理，设计阶段评审机制。在每个阶段邀请项目管理委员会或管理层来参与阶段评审，确保项目各阶段的执行方案进展符合管理层的预期，做好持续的项目价值论证，有效控制项目风险，如图7.1所示。

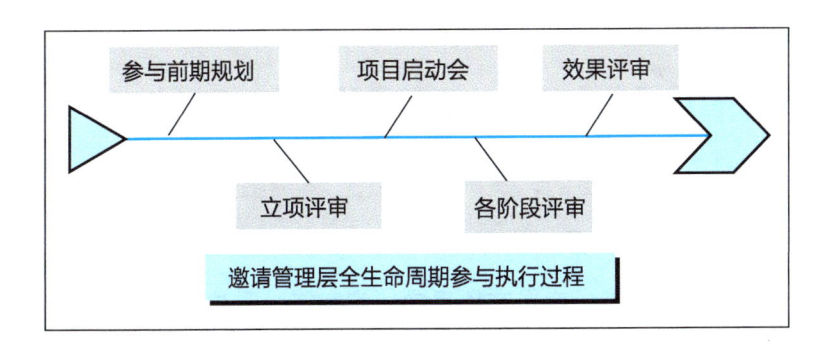

图7.1 阶段评审机制

通过这种阶段评审机制，团队可以避免直到最后一刻才发现项目交付物不是管理层想要的，或者市场环境已经发生变化，项目交付物已经不再符合市场需求。如果这时候推翻重

来，必定会造成重大资源浪费，同时耽误项目整体进度。例如，在前期规划阶段，邀请管理层评审项目的整体设计方案，是否符合管理层的预期，确定整体方案的大方向后再推进。在实际的执行阶段，邀请管理层评审当前阶段具体方案的执行细节，以及评估当前阶段的市场环境，确定项目的整体需求是否还存在。

在敏捷度较高的环境下，风险的识别、评估和应对频度要求就会越高，风险管理活动更需要融入项目的日常管理工作中。例如，可以在每日站会中进行风险的动态识别、评估和干预，提前发现并及时处理风险，避免项目受到重大不确定性的影响。

7.2 变更管理机制，持续论证项目价值

变更管理的目的，是识别、评估、控制任何潜在的和已批准的对基线的变更，从而确保项目及时响应利益相关方的要求，且依然受控。变更在项目中一定存在，无法避免，尤其在敏捷度较高的情境下。来自实施方的项目经理大都惧怕变更，而以收益为出发点的项目经理则要进行意识转变，"拥抱变更、欢迎变更"。即使变更在项目后期才出现，也应该有这个态度。这虽然会给实施方带来更大的挑战，但唯有如此，项目

第7章　敏控执行方法，持续论证项目价值

交付物才能更接近项目规划的收益，这也是敏捷宣言强调的价值观。因此，项目需要一个结构化的变更管理机制来管理项目变更，确保对项目目标有益的变更可以得到快速处理，对项目目标的弊大于利的变更通过变更管理得到有效控制。接下来，我们先明确什么是变更，以及变更的分类分级，之后展开介绍变更管理机制的实践做法。

在受控的环境下，任何针对项目基线的增删改都会被当作变更来管理。而在敏捷度较高的环境下，变更管理只针对交付物的变化。例如，一个团队成员生病了，需要休假两周，这会影响已批准的项目计划或项目组织结构。在强调控制的环境中，这会被当作一个变更来处理。而在敏捷度较高的环境下，交付团队会重新安排团队的工作，并减少当前"冲刺"计划的交付物，因为团队的交付能力下降了。当然，如此处理，需要客户认可敏捷方法并与交付团队处于紧密协作的状态。

虽然在敏控环境下要"拥抱变更"，但还要理解变更不总是对项目有积极意义的。一般来讲，如果变更是针对一个正在创建的交付物的细节，那么这通常会被看作是积极正面的，因为这表明项目对正在创建的交付物有了更深刻的理解。但是，如果变更意味着一个已经被项目正式批准的基线要发生变化，那么这往往需要项目的重大返工，需要重新评估共识。

对变更的分级管理是平衡高效与受控的关键。在设计变更管理机制时，我们可以使用优先级排序技术MoSCoW对变更进行分级，并定义不同级别变更的处理方法。表7.1列举了三类变更请求，读者可以按需参考。

> **贴士**
>
> **优先级排序技术MoSCoW**
>
> MoSCoW是一种优先级排序技术，可以应用在需求优先级排序上。即，将待办事项列表中的每个需求用M、S、C或W进行标识，M（Must）表示必须有，S（Should）表示应该有，C（Could）表示可以有，W（Won't）表示现在可以没有。
>
> 这种技术可以直接应用在变更请求优先级排序上，同样每个变更请求可以用M、S、C或W进行标识。M表示必须变更，S表示应该变更，C表示可以变更，W表示现在可以不用变更。
>
> 项目范围变更的MoSCoW分级应用示例如下：
>
> （1）变更才能实现项目预期结果（M）。
>
> （2）变更能够更好地满足关键利益相关方的动态优先级需求（S）。

（3）变更只是满足某些人（如领导）的个人偏好，而不是为了用户实际需要（C）。

（4）变更所带来的价值可以通过另一个新项目来实现（C）。

（5）变更使得项目重点不清楚、价值感模糊（W）。

表7.1 三类变更请求

类型	影响范围	变更优先级	处理方法
细节变更	交付层面，不影响阶段计划	C	交付团队自行评估决策
重大变更	影响阶段或项目基线	S或M	项目管理委员会评估决策
合规需求变更	影响项目基线	M	管理层评估决策

1. 细节变更

处于交付层面的、不影响已定义的允许偏差的变更可以授权给高度自治的、自组织的交付团队来评估处理。

2. 重大变更

可能会影响项目级或阶段级的基线的变更，变更分级为S或M，由项目管理委员会或其授权的变更管理组织来评估和批准。例如，影响了项目计划或阶段计划的变更，影响了最终交付物的变更，影响了商业论证的变更等。如果变更影响了允许偏差或MVP，则要立即启动例外管理机制。在甲乙双方合作的环境下，项目管理委员会或其授权的变更管理组织通常由三方利益代表共同组成，确保变更请求得到合理评估及决策。

3. 合规需求变更

来自合规方面的变更要求，一般会影响项目级的基线的变更，变更分级通常设为M，必须执行。由项目管理委员会上报管理层评估决策。

接下来结合实践做法，介绍两种变更管理机制运作流程：一种是基于公司内部项目的变更管理机制流程；另一种是基于甲乙双方合作情境下的项目变更管理机制流程。

公司内部项目的变更管理机制流程如图7.2所示。

```
提出变更请求 → 变更分级评估影响 → 提交审批决策 → 更新基线执行变更
```

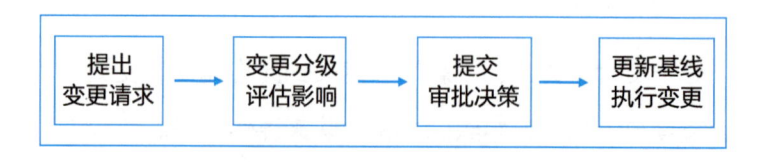

图7.2　公司内部项目的变更管理机制流程

（1）提出变更请求。原则上，所有人都可以提出变更请求，且通过预先设定的途径提出变更请求，然后展开描述变更背景等信息。

（2）变更分级评估影响。按照变更分级方法，对变更请求进行MoSCoW分级。同时组织项目管理团队评估变更的技术可行性，以及变更对基线的影响、变更带来的收益。

（3）提交审批决策。按照变更分级处理方法，将变更请求和变更影响、收益等信息提交相关组织审批。

（4）更新基线执行变更。变更请求审批通过后，通知项目管理团队更新基线计划，执行变更并完成变更后的闭环反馈。如果否决了变更，通知项目管理团队按照原基线计划继续执行。

甲乙双方合作情境下的项目变更管理机制流程如图7.3所示。

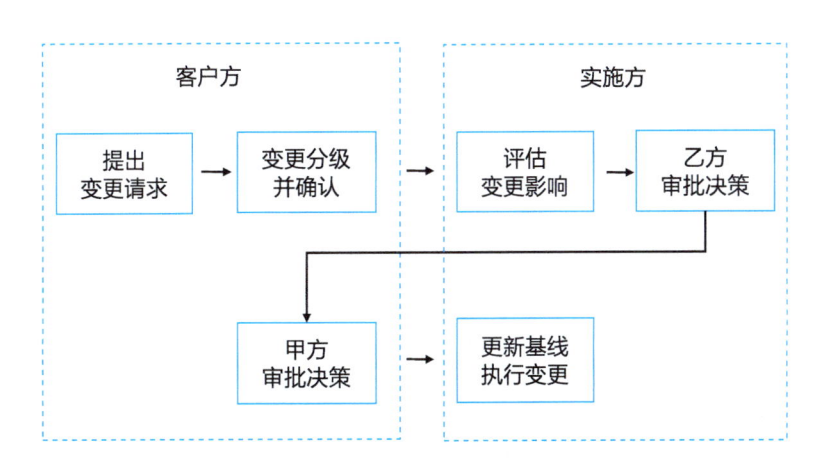

图7.3 甲乙双方合作情境下的变更管理机制流程

为了明确在变更管理机制流程中甲、乙双方之间的责任，项目管理委员会将审批决策环节拆分成两步，即甲、乙双方分别评估变更影响，然后审批决策，全部通过后实施方更新基线计划，并执行变更。

7.3 例外管理机制，实现项目进展受控

为项目目标设定允许偏差和例外管理机制是保障项目管理团队敏捷交付的有效手段。项目各级管理人员从项目的六个指标中选择自己关注的指标，并为各阶段计划中的指标定义允许偏差的水平，实现充分授权。一旦预测这些指标要突破允许偏差，就会第一时间触发一个例外报告——必须停止当前工作，并向上级管理者报告，落实例外管理原则。

允许偏差和例外管理机制的结合，可以高效地利用管理人员的时间，使得管理人员在需要时及时介入，并将在允许偏差之内的工作交给下一层人员，既减少了管理人员的时间负担，又实现了管理人员对项目进展的控制。表7.2给出了在敏控环境下，定义允许偏差的参考指南。

表7.2 允许偏差设置参考指南

指标	在哪里定义	在敏捷度较高的环境下，允许偏差如何设置
时间	阶段计划	允许偏差为零
成本	阶段计划	允许偏差为零

第7章 敏控执行方法，持续论证项目价值

续表

指标	在哪里定义	在敏捷度较高的环境下，允许偏差如何设置
范围	交付物描述	并非交付物都有相同的重要程度，所以可以利用MoSCoW技术将交付物进行优先级排序，从而确定必需的交付物和允许偏差
质量	验收标准	并非交付物的所有验收标准都一样重要，所以可以将验收标准进行MoSCoW优先级排序，以此确定底线质量要求和允许偏差
风险	风险管理方法	根据项目管理委员会的风险偏好定义风险预警指标的阈值
收益	项目论证	在项目论证中，确定开展项目的最小可行条件，在此基础上设置允许偏差

本章小结

本章描述了如何用阶段的确定性应对项目的不确定性，用已知的知识和经验管理项目的独特性。在项目进入执行阶段前，项目经理需要提前设计风险化解机制、变更管理机制、例外管理机制，以此化解项目风险，有效管理项目中的各类变更请求，通过设定合理的允许偏差实现项目进展受控，确保项目敏捷交付，实现项目收益。

第8章

项目信息可视化,实现进展受控

运用可视化管理,使问题无处隐藏。

——精益制造原则

在项目管理中，让项目进展信息在内外部相关方面前保持同步、可视化，是确保项目成功的重要基石。一个项目的跨度可能是两三个月，也可能是两三年，同时会产生大量的交付任务。如果不能及时同步信息、可视化管理，就可能出现没人知道发生了什么，更不可能通过图表、数据来分析问题。通过信息可视化管理的方式，组织能够进一步健全敏控项目管理的协作机制，方便信息在内外部利益相关方之间传递，并使团队的理解达成一致，从而帮助决策者轻松掌握项目重大里程碑节点的完成情况，及时发现项目中可能的风险，助力项目决策。

及时且真实地同步项目进展信息可以有效减少或避免错误决策的产生。在项目执行过程中，项目管理团队成员也许很清楚项目中存在的问题，如项目交付时间不靠谱，而且在各自的职能汇报中向领导反馈了这些问题。然而，在项目信息自下向上逐级传递的过程中，这些令人担忧的问题并没有客观真实地出现在项目进度报告里，由此导致原本可以及时解决的问题变得无解。即使公司决策者提前知道项目运行中的问题，也未必会真正解决问题，但如果他们从来不知道有哪些问题，那肯定无法将其解决。

项目进展信息内外部同步、可视化的方式有多种。在受控环境下，健康的项目组织首先需要建立合理的项目报告机制，打通项目执行层内部，以及执行层到项目管理委员会的信息通路，确保项目进展信息及时有效地传递到内外部利益相关方。在敏捷环境下，项目进展信息较少采用正式文档的形式传递，更多的是通过面对面交流实现信息同步（每日站会），通过看板系统（物理看板或电子看板）实现进展信息可视化。

信息可视化与敏控项目管理的框架关系如图8.1所示。

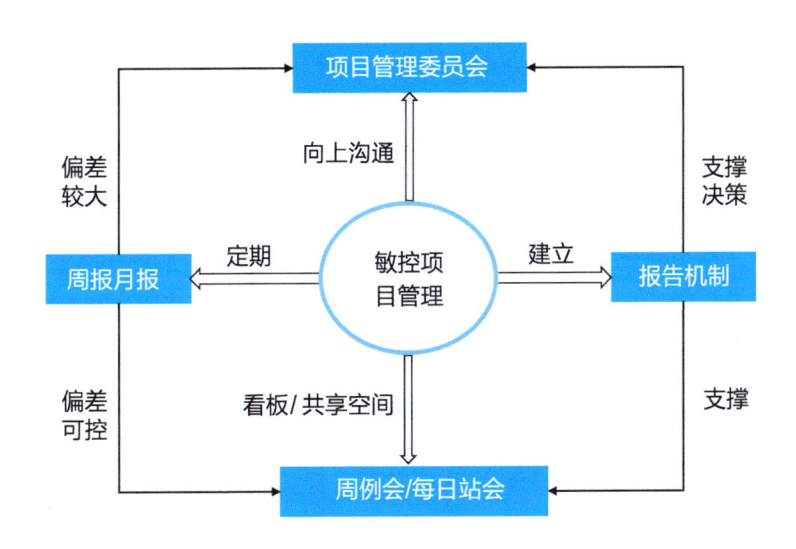

图8.1 信息可视化与敏控项目管理的框架关系

8.1
项目报告机制：时间触发报告和事件触发报告

项目管理委员会的核心职能是通过做出关键决策来保障项目受控。而有效的决策大多是依据动态的项目进展信息做出的。在敏控环境下，项目经理就像组织和执行团队之间的桥梁，既要保证项目可控，又要推动敏捷交付。项目经理需要基于实际情境建立项目报告机制，报告要重点突出、格式简洁、信息丰富和非正式传递，并通过向上提供有效信息反馈，化领导期望为项目推动力，让领导不仅对过程进展有掌控感，更要对结果有掌控感。

项目进展报告根据触发条件不同，可以划分为时间触发报告和事件触发报告。

8.1.1 时间触发报告

时间触发报告包括周报和月报，也称项目要点报告。项目经理在项目管理委员会（也可能是其他重要利益相关方）规定的时间间隔内，向其提供项目状态总结报告。项目管理委员会根据本报告监督项目本周或本月的进展情况。项目经理也可借助周报或月报向项目管理委员会进行风险预警、对潜在的问题提出建议，以及需要获取帮助的其他事项。

1. 项目周报

项目周报适用于常规项目状态总结。周报的发送频率一般默认为一周一次，包含项目的主要度量指标等信息，项目各个模块的进展状态、问题、风险以及应对措施等。周报的接收者包括项目管理团队成员及其所在部门的主管、项目管理委员会、客户或者业务对接人、其他重要利益相关方等。通过周报，相关方可以快速了解项目当前的总体进展状态，以及风险应对情况。不过，项目经理要警惕周报的万能理论，不能依靠周报来沟通具体的待办事项，以及分配任务。周报更多的还是让相关方可视化项目进展信息。

周报的要点如下：

（1）周报要包括目标达成情况、各环节整体进展、整体风险和应对措施情况，通过查看周报，相关方对项目状态有清晰的整体认知。

（2）项目经理要换位思考，要从周报接收者的角度来准备周报内容，与周报接收者使用相同的沟通语言，确保接收者与项目管理团队的理解相一致，避免信息沟通损耗。

（3）周报要简明扼要地提炼项目关键信息，不要直接拷贝项目管理团队成员反馈的进展信息，而需要提炼整合信息。

（4）周报篇幅不宜过长，可适当图形化展示项目数据，突出重点，提高接收者周报阅读效率。

项目周报示例如表8.1所示。

表8.1 项目周报示例

×××项目周报					
上线(或完成)时间	××××年××月××日	汇报周期	汇报时间周期	汇报人	项目经理
本周工作进展					
主要工作	进展				
数据指标	KPI	目标值(季度/月度)		当前达成情况	完成百分比
模块A	××××××				
模块B	××××××				
模块C					
模块D					
……					
下周工作计划					
主要工作	工作计划				
模块A	××××××				
模块B	××××××				
模块C					
模块D					
……					
遗留问题应对措施					
序号	问题/风险描述	应对措施	负责人	计划解决时间	实际完成时间	状态
1						
2						
3						

2. 项目月报

项目月报一般适用于向公司高层、客户高层报告项目状态，概括性总结当月项目目标达成情况、下月的项目工作整体计划、项目高层级的风险及应对措施，以及公司或客户高层重点关注的方面。一般情况下，项目月报整理完之后，需要组织项目月度例会，项目管理团队当面向公司高层、客户高层以及重要利益相关方汇报当月的项目进展情况，以及下月的工作计划，获得高层反馈与支持。在月度例会汇报前，项目管理团队成员需要针对月报内容达成一致意见，然后再汇报给其他人。

8.1.2 事件触发报告

事件触发报告包括问题报告、风险报告、例外报告、阶段总结报告、项目总结报告等。此类报告共同的特点是由某个具体的项目事件来驱动触发的。例如问题报告，当有变更请求或不合格项问题时，触发问题报告机制，项目经理组织团队评估问题影响，给出团队的推荐解决方案，一起上报项目管理委员会。问题推荐解决方案获得批准后，项目经理及时组织团队落实执行，并最终更新问题报告。

表8.2给出了一个变更请求问题报告示例。

表8.2 变更请求问题报告示例

变更请求问题报告			
变更申请人	×××	审批人	产品部、技术部负责人
变更申请时间	××××年××月××日	业务线	基础迭代/××模块……
需求名称及	××模块优化		
需求变更描述	举例：目前××模块只能添加××关系，无法删除××关系。希望增加删除关系的功能		
变更原因	举例：因××原因，导致期初未开发。由于用户反馈暴增，需要临时开发		
影响分析	影响评估人员：××模块产品、开发主管、测试主管……其余有需要参与评估的人员		
	举例：开发量增加2天，测试量增加0.5天，会导致当前迭代延长2天		

在敏控环境下，除了做好项目进展报告的信息对称及可视化，项目经理还要面向不同层次的利益相关方做好即时沟通管理。除了邮件发送各类进展报告，项目经理还要跟项目管理委员会，以及其他重要利益相关方建立即时沟通反馈机制，采用面对面沟通或者即时组织会议沟通方式，目的是第一时间获得重要利益相关方的反馈。有问题就及时提出来，及时组织团队商讨应对，争取项目管理委员会的理解和支持。

8.2 善用看板的力量：进展指标可视化

看板是一个跟精益和及时制生产相关的概念，及时制生产

第8章 项目信息可视化，实现进展受控

在制造行业很流行。及时制强调只生产、开发、交付和消耗特定时间特定量的产品，而不是堆积工作流。看板就是一种及时制系统，通过可视化展示所有任务状态，对当下进行的工作可见、透明，有助于项目相关方了解项目当前运行状态，促进相关方预期管理。

看板可以是电子看板，如JIRA中的电子看板，也可以是物理看板，团队协作更新挪动物理看板任务状态。看板上除了展示任务状态，还可以放上燃尽图或燃耗图，也可以添加项目目标或版本迭代目标、上线倒计时等信息，帮助团队达成目标共识，集中精力开展工作。在敏捷度较高的环境下，看板除了展示信息可视化，还会配合团队在每日站会时使用。

简化的看板面板有三列：待开始的任务、进行中的任务、已完成的任务。任务用卡片表示，卡片状态展示在其中一列的下方。软件开发项目看板示例如图8.2所示。

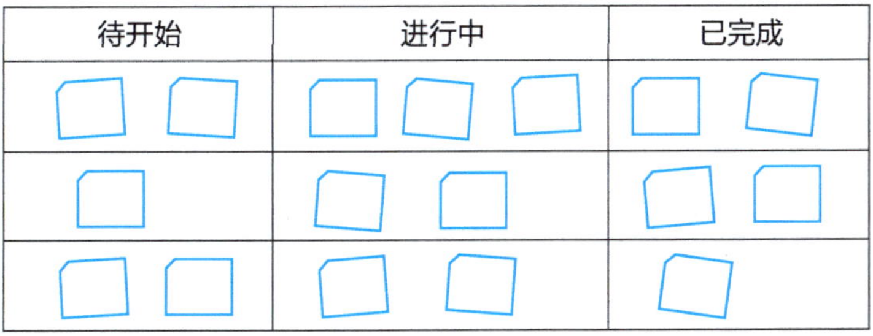

图8.2 软件开发项目看板示例

详细的看板面板可以有多列，根据项目实际需要创建，重点关注上游、下游的任务流转，并体现各环节相互依赖关系。互联网软件产品项目看板示例如图8.3所示。

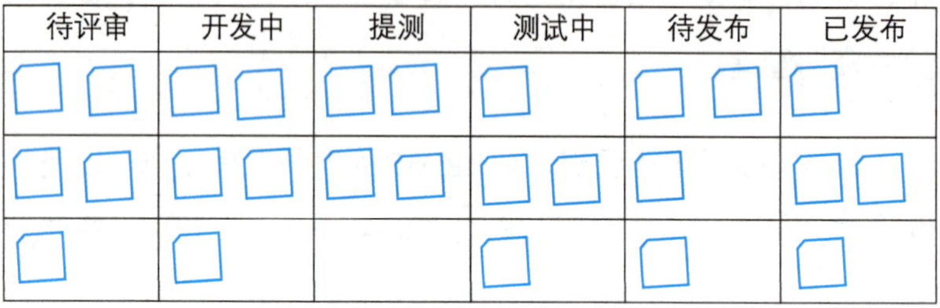

待评审	开发中	提测	测试中	待发布	已发布
□ □	□ □	□ □	□	□ □	□
□ □	□ □	□	□		□ □
□	□		□	□	□

图8.3　互联网软件产品项目看板示例

燃尽图展示在一次迭代开发中剩余的工作量，可以用来呈现团队实际速度和预期速度的偏差，评估团队绩效，发现风险。如果燃尽图下降趋势不明显，严重偏离预期下降速度，预测在项目周期内无法完成全部工作，则团队需要马上组织分析，看看哪个环节出现了问题，以便针对性解决。

燃耗图是根据工作范围展示一次迭代开发中已完成的工作量，根据团队的实际速度来预测是否可以在项目周期内正常完成全部开发工作。

燃尽图和燃耗图是常用的可视化进展的表达方式，如图8.4所示。

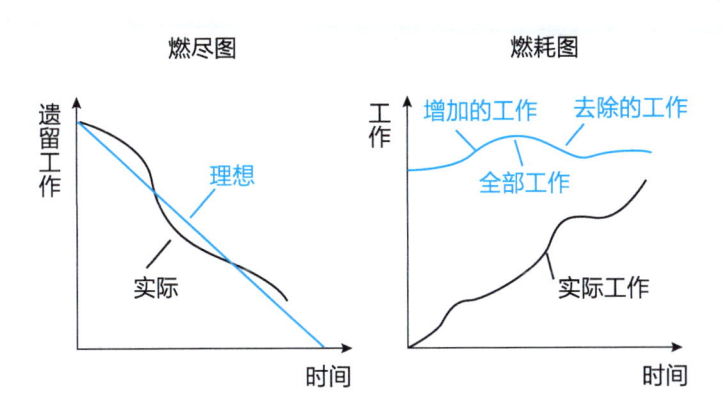

图8.4 燃尽图和燃耗图

图8.5给出了一个物理看板报告进展的示例。这张图张贴在项目管理团队的工作区，便于路过的任何人了解项目进展信息，而且这个信息也被项目管理团队成员实时更新（在Scrum框架下，每日站会上会更新此信息）。

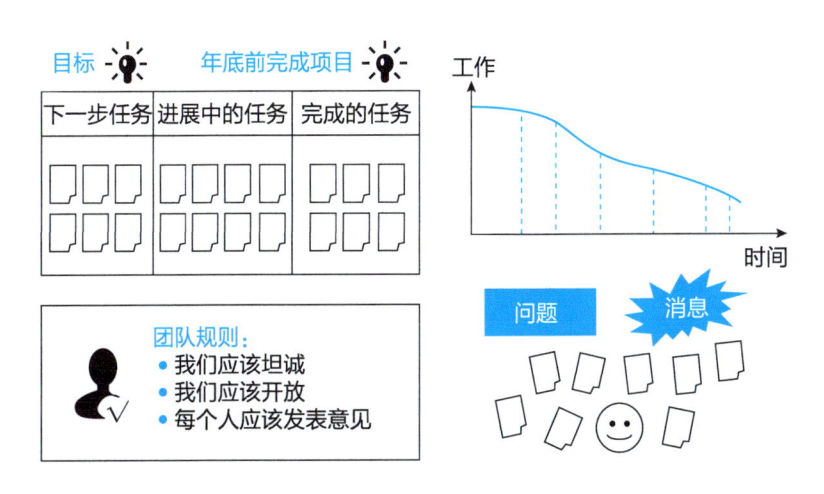

图8.5 物理看板报告进展的示例

8.3
如何开好每日站会和项目周例会

8.3.1 如何开好每日站会

每日站会,即团队每天举行的一个站立会议,其基本组织形式是团队成员站立轮流讲述。每日站会在高度敏捷的互联网产研项目管理实践中的应用很广泛,也是传统受控环境下产研团队转向敏捷交付的第一步。每日站会的主要目的是同步项目信息,让团队成员了解项目进展,及时发现问题、风险和阻碍,并根据实际情况进行调整。每日站会的重点是在会上发现阻碍问题,并记录下来,会后单独组织处理。切忌在站会上讨论问题或者技术方案细节。

每日站会通常围绕以下三个核心问题来开展:

(1)在上次每日站会结束之后,昨天你主要做了什么?

(2)在下次每日站会开始之前,今天你准备要做什么?

(3)你遇到了哪些问题、困难和阻碍,是否需要他人协助?

围绕以上三个问题召开每日站会,主要是从人的维度来关注资源使用效率。在实践中,也可以以可视化看板为中心,检查看板上各任务的进展状态是否正常,聚焦看板任务完成时间,发现任务阻碍,会后单独组织清理阻碍。

关于召开每日站会的时间,不同的团队依据自身情境来确定开会时间,有的团队选择在每天早上刚开始工作时,有的团队选择在下午,有的团队选择在饭前,目的是让团队成员有时间紧迫感,提高会议效率。关于每日站会的时长,对于10人以内的团队,每日站会时长控制在15分钟以内,是理想时长。实践中各团队要朝着这个时长目标去努力,当然也可能依据自身团队情况做出适当调整。对于团队规模超过10人的,建议将团队规模进行调整,拆分成两个或者更多小团队来分别召开每日站会。这些拆分的小团队,可以通过每周例会形式来实现信息同步,保持各团队项目工作步调一致。

每日站会如果组织得当,就会极大地提升团队的协作效率,调动团队成员的积极性和主动性,让团队协作具有一种仪式感,并让团队成员为其目标承诺负责。如果组织不当,每日站会时长超过30分钟,团队成员缺乏参与度,就会让团队成员感觉每日站会是可有可无的,甚至会产生诸多抱怨。

每日站会的实践要点如下:

(1)固定会议时间,锁定会议时长。

(2)围绕可视化看板开会,引导团队聚焦。

（3）要有会议主持人和记录人，要站着，不要坐着。

（4）重点关注阻碍问题，不要跑题，不要深入讨论细节。

（5）及时记录需要跟进的事项，会后及时单独处理。

8.3.2 如何开好项目周例会

首先明确一下，周例会看似简单，但的确是统一思想、统一步调、解决问题的有效管理方式，是项目管理沟通中非常重要的环节。必要的周例会能够促进团队成员每周进行面对面沟通，传递项目进展信息，交换意见，将项目各环节进展信息及时对称，确保团队成员对当前项目进展达成共识，也便于明确项目下一步的工作重点，聚焦核心且有价值的工作任务，提高团队成员的凝聚力。那么，如何开好项目周例会呢？

在高度受控环境下，项目管理团队需要定期将项目进展信息同步至项目管理委员会，项目管理委员会根据动态的项目进展信息做出关键决策。周例会是很好的信息同步方式。会上每个团队成员同步各自负责的工作任务完成情况、阻碍问题，以及是否需要其他团队成员的配合与支持。会上团队一起审视项目进展是否正常，如果产生了偏差，就一起讨论应对措施，纠正偏差。如果偏差已经大于预先设定的容许偏差，项目管理团队需要立刻向项目管理委员会报告，整理发出问题报告，并提供应对措施以及可能的影响后果。项目管理委员会根据问题报告给出决策意见。

在高度敏捷环境下,项目管理团队通过每日站会实现信息同步、可视化,发现阻碍问题,并及时清理阻碍。那么在敏捷环境下,项目周例会是否还有必要组织召开呢?回答这个问题前,我们先分析一下项目情境。如果是偏产研类的技术研发项目,则项目管理团队成员由产品经理、开发人员、测试人员组成。由于在每日站会上已经完成了团队成员信息的同步,因此可以考虑不组织项目周例会,团队做好定期向上沟通汇报即可。但是如果技术研发项目涉及业务运营方、客户对接人等其他利益相关方,除研发团队每日站会外,很有必要组织召开项目周例会。邀请项目涉及的业务运营方、客户对接人等相关方一起来参加,同步项目整体进展和各环节开展情况,反馈相关方关注的一些环节或问题的进展安排,提高相关方的周例会参与感,进而一定程度上提高相关方对项目的满意度。

那么,如何构建合理的项目周例会机制?按照分类、分层、分级原则,有效组织周例会。如果团队规模在10人左右,可以不考虑例会分类和分层,每周组织团队召开一次周例会即可。如果团队规模达到几十人甚至上百人,那么,针对这类大型复杂项目如何组织召开周例会呢?

首先需要分解项目，确定构成项目的各个工作包模块，然后根据工作包识别确定相关方团队并明确分工，进而梳理项目组织结构，最后确定相关方沟通应对层次。一般大型复杂项目至少包括三个沟通应对层次：向上管理层（包括项目管理委员会或公司管理层）、对内部执行团队、对外部执行团队。最后根据分类、分层、分级原则安排例会。

（1）对内部执行团队，安排工作包级别专项周例会和项目组整体周例会。

（2）对外部执行团队，安排外部协作专项周例会。

（3）向上管理层，安排月度汇报例会，或者定期阶段汇报例会。

1. 工作包级别专项例会

一般工作包级别专项例会由工作包负责人每周组织一次，项目经理有选择性地参加。为什么不是每次都参加呢？因为大型复杂项目工作包比较多，项目经理很少有时间精力全部都参加。项目经理可以根据不同阶段、不同工作包工作的重要紧急程度，有选择性地参加。同时，项目经理重点关注不同工作包之间的相互依赖关系，以及风险情况。当然，在项目的不同阶段，有的工作包可能每周组织两次甚至三次专项例会，最终目的是加快团队内部的信息流转，加快推进工作包的执行。这是工作包的专项例会。

2. 项目组整体周例会

项目组整体周例会一般只安排每个工作包的负责人参加，由项目经理来组织，这样能够把项目周例会的人员控制在十几人，大大提高协作效率。在会上，项目经理要反馈项目整体的进展情况，各个工作包的负责人也会快速同步每个工作包的推进情况，以及提出需要其他工作包模块配合的问题。对能够在会上当场解决的，项目组就及时沟通讨论。如果不能很快达成一致，就会把这些问题当作行动项，在会后及时组织小范围的专项会议去跟进处理。总体来说，整体周例会确定好各工作的行动项，项目经理会后统一跟踪控制。这就是项目组整体周例会。

3. 项目组月度汇报例会

项目组月度汇报例会也由项目经理组织，每个月一次，除了周例会说到的工作包负责人，还会邀请项目管理委员会成员、公司相关管理层来参加。项目组做阶段月度汇报，总结上月的工作完成情况，汇报下月的工作计划，提请项目管理委员会评审。月度汇报例会搭建了项目团队与公司管理层沟通的桥梁，便于公司管理层直接反馈项目意见或项目要求，项目管理团队在下一个阶段的工作中执行公司管理层的具体项目要求，并争取管理层的理解和支持。

4. 外部协作专项周例会

对于大型复杂项目，一般会涉及跨公司协作，有一个或多个外部团队参与项目工作。在这种情况下，一般公司内部会安排专门对接人跟外部团队对接沟通，确保接口指令统一、双方团队协作步调一致。除日常沟通外，内部对接人每周会组织内部相关人员跟外部执行团队召开周例会，沟通相关工作的进展并排查问题，确保内部、外部团队达成共识，及时处理项目问题。

通过以上分层、分类、分级开展周例会，参会人员的规模得到了控制，既提高了工作效率，也节省了团队人员的沟通成本。当然，无论沟通什么主题，都要尽量开小会、开短会，不开空话连篇、毫无准备的会议。建议大家在实际项目管理中灵活运用周例会机制。

> **示例**
>
> 某商业网站大型峰会活动项目，团队成员涉及50多人。项目启动之初每周召开一次整体例会，每次几乎全部

人员都来现场参会，会议室被挤得满满的，每个角色都会陈述自己的工作进展。按全部流程走下来，召开一次例会至少需要3小时。除了同步进展，还会讨论具体问题解决方案，导致例会时间更长。在这种情况下，很多部门都提出了不满意见，如会议耗时长，跟自己角色相关的进展内容少，而且没有实质解决问题。

鉴于此，项目经理针对例会做了一些调整，把项目工作划分成10个工作包模块，每个工作包指定一个负责人。然后分层召开周例会，10个工作包负责人自己单独组织专项例会，项目经理组织项目整体周会，整体周会只安排10个工作包负责人来参会。通过明确会议组织分工，把原先庞大的项目大周会拆分成了10个专项例会和1个整体周例会，每个层次的例会都控制了人员规模，并且能够确保信息在专项例会和大周会之间有效顺畅传递，确保团队理解一致，最终每个层次的例会都在1小时内完成。之前出现的会议耗时长问题得到了解决，大大提高了项目组沟通协作效率，取得了项目组的一致认可。

8.4 阶段复盘，固定点收尾总结

项目的共同特点是其独特性，也正是独特性这个特点，使项目充满挑战，因为临时团队可能没有从事类似项目的经验。在项目管理实践中，对项目各阶段进行及时有效的总结、回顾，是提升项目管理团队综合能力的重要途径之一。复盘总结会是一种重要的项目管理活动，在每个阶段结束或者每个版本发布结束时，团队通过回顾整个阶段执行过程，来确定后续改进目标、方向及措施，其价值是帮助团队实现持续改进。同时项目所有的报告或评审都应该包括经验教训、及时总结，帮助团队更好地应对未来的挑战。

在高度敏捷环境下，项目每个版本发布后，项目管理团队回顾复盘，总结上一个发布计划中团队执行的经验和教训，发现过程中协作的障碍和问题，并分析问题原因，确定下一个发布计划要实施改进的行动项。做好持续改进是所有项目参与者的共同职责。

当项目结束时，项目管理团队应总结项目执行过程中的经验和教训，并提炼归类，存入经验教训知识库，以便后续其他项目管理团队参考，促进公司更多项目顺利实施。

组织复盘总结会是有方式和方法可依的。如果召开的方式和方法不当，很容易开成吐槽会、宣泄会。开好复盘总结会要点如下：

（1）复盘总结典型过程是发现问题、分析问题、解决问题，其核心在于问题根源分析以及确定改进措施。

（2）发现问题。项目经理提前组织团队成员从个人视角提出问题，并引导成员将问题更新到团队协作空间，做到问题列表可视化，并补充可能的改善措施。复盘总结会前做好分类梳理。

（3）分析问题。总结会上，项目经理带领团队成员逐条分析问题，有针对性地展开讨论，达成共识后确定后续改善措施，并指定一位负责人。

（4）解决问题。总结会结束前，团队成员一起确定下一个阶段要解决的问题，明确每个问题负责人，更新团队协作空间。通常，一个阶段要解决问题不超过三个，确保团队聚焦解决问题。

（5）要有主持人和记录人，并注意控制时长，每次总结会建议不超过2小时。

复盘总结会参考运作流程如图8.6所示。

项目启动时，项目管理团队结合要求的项目上线时间，倒推编制概要的项目整体计划，确定项目划分成几个管理阶段进行，并提前确定每个管理阶段的交付物和上线时间，通过固定阶段交付时间节点来确定项目整体时间计划。在确定项目整体时间计划后，项目管理团队再详细规划项目当前阶段的工作计划，确定当前阶段的交付时间节点。在每个阶段结束的时候，项目管理团队准备阶段总结报告，复盘总结本阶段工作完成情况，总结阶段过程中的经验和教训，以及规划下一阶段的工作计划。项目管理委员会依据阶段总结报告来评审项目，做出项目是否还要继续的决定，并批准下一阶段的工作计划。

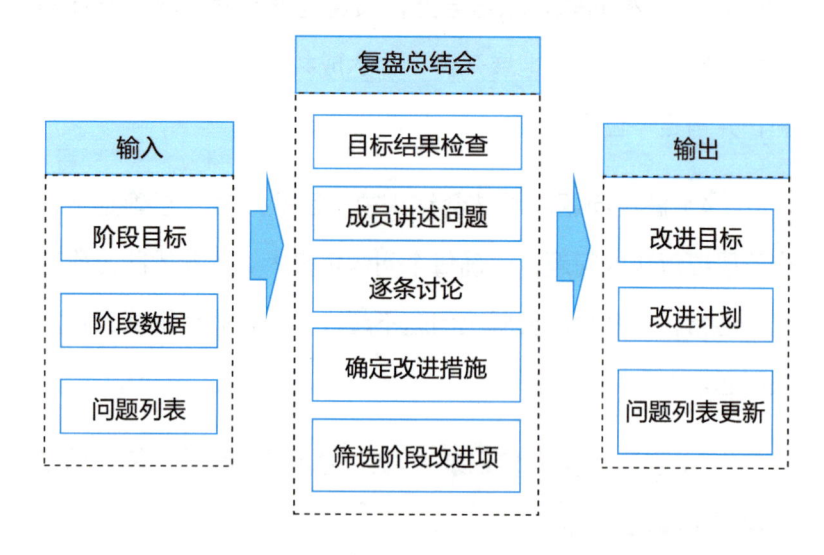

图8.6　复盘总结会参考运作流程

通过明确项目整体和各阶段计划的交付时间点，项目各利益相关方能够对项目时间目标达成共识，便于项目管理团队按照要求的固定时间节点倒推项目的当前阶段计划，凝聚团队力量，有序开展项目工作。

8.5 搭建在线协作机制，助力跨地域和跨团队协作

8.5.1 搭建文档在线协作机制

随着社会的发展，分工逐步精细化，越来越多的项目涉及跨组织协作，并且项目管理团队不再局限于同一办公地点，趋向于整合全球资源。在很多情况下，项目管理团队是跨地域、跨团队协作的，这给项目管理带来了不少挑战。面对不同地域的团队成员，项目信息可视化多人在线协作机制显得尤为重要。

基于项目情境，选择适合团队的多人在线协作平台，使团队协作不受时间和空间限制，满足了项目文档集中共享、信息收集汇总、多人多端协同编辑的需求。在线协作平台将项目进展信息可视化，便于项目各利益相关方查看和达成共识，实现团队多人高效率协同办公。

8.5.2 搭建即时交流协作机制

在项目进展过程中，除了文档信息可视化，还需要大量的多人即时交流，便于支撑项目组快速决策。这包括项目经理跟团队成员之间的交流、团队成员之间的交流、团队成员跟项目利益相关方之间的交流等。基于项目情境，选择合适的即时交流工具，搭建项目管理团队即时沟通群矩阵，助力信息加速流转，提高项目组决策效率。

> **示例**
>
> 　　某商业网站大型峰会活动的团队成员比较多，项目工作被划分成10个工作包，每个工作包指定一个统筹负责人。项目组采用公司内部的即时交流工具，搭建了即时沟通群矩阵，将即时沟通分层、分类开展，既能保证沟通聚焦，又不会干扰到其他人员，提高了沟通协作效率。
>
> 　　项目即时沟通群矩阵如图8.7所示，包括项目组总的沟通群，面向管理层的向上沟通核心群，各个工作包的专项沟通群，线下搭建专项群等。

项目即时沟通群矩阵		
	项目组总的沟通群	同步整体进展、计划、风险，组织整体例会
	向上沟通核心群	汇报整体进展，风险应对，组织阶段评审
	嘉宾邀请专项群	嘉宾邀请及接待相关事宜沟通，组织专项例会
	内容生产专项群	内容生产制作相关事宜沟通，组织专项例会
	市场传播专项群	市场传播相关事宜沟通，组织专项例会
	……	
	线下搭建专项群	线下搭建执行事宜沟通，组织专项例会

图8.7　项目即时沟通群矩阵

本章小结

本章介绍了项目进展信息内外部同步、可视化的多种方式，包括各种项目报告、看板、每日站会、项目周例会、阶段复盘会等。通过项目进展信息可视化，健全敏控项目管理协作机制，打通项目执行层内部，以及执行层到管理层的信息通路，确保进展信息及时有效地传递到内外部利益相关方。另外，本章介绍了两个在线协作实践，即文档在线协作机制和即时交流协作机制，实现了项目文档多人多端在线协同编辑，项目管理团队成员之间即时沟通交流，助力跨地域和跨团队之间的有效协作，提高协作效率。

第9章

成为不一样的项目经理

尽管在个性、风格、能力和兴趣等方面各不相同,但我所见到的、共过事的和观察过的卓有成效的领导者,都在以同样的方式工作:他们并不从"我想要做什么"这样的问题开始,而是问"需要我做什么"。

——彼得·德鲁克

今天，我们所做的项目更加着眼于收益的实现。在本书的第5章中，我们也明确阐述了项目经理在项目组织中的定位，即承上启下的服务型项目管家。在这样的情况下，我们对项目经理的能力就需要重新审视和定位。这既是项目管理工作的要求，也是对项目经理未来职业发展与进阶的展望。

国际项目管理协会（IPMA）的能力基准（ICB®4.0，见图9.1）从人员能力、环境视角能力、专业实践能力三个领域，定义了各自侧重但又不可分割的项目经理个人能力要求（见附录B5）。对于这些能力要求的具体程度和水平，会依据项目经理在项目中的角色定位差异而不同。

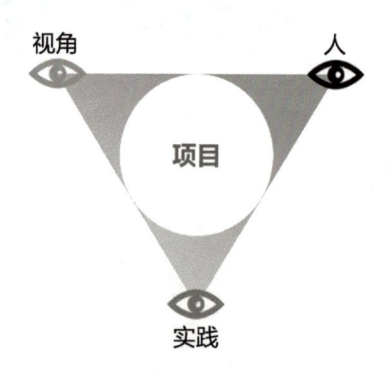

图9.1　IPMA ICB®4.0"能力眼"模型

那么，作为服务型项目管家的项目经理在今天的项目中究竟扮演什么样的角色？该如何开展工作？我们的答案是：基于项目不同场景，扮演不同的角色，发挥不同的价值。特别是在敏控项目管理环境中，项目经理需要根据实际场景做到千人千面，扮演多种角色。

有一点需要特别强调，无论项目经理在不同的项目场景中扮演了何种角色，沟通都是贯穿项目生命周期始终的核心工作方式。但对于众多项目经理来说，如何通过与利益相关方的有效沟通促使项目成功一直以来都是挑战。这方面的能力差距也是不同段位项目经理之间的明显区别。众多实践经验表明，在对上与对外的维度上，项目经理在整个项目生命周期中，需要始终清醒认识项目利益相关方的权威和关注点，选择正确的策略与相关方保持有效沟通。在对内与对下的维度上，项目经理更多时候需要带领团队通过敏捷学习，为项目寻找更好的工作方式。因此，复盘不仅是项目中重要的工作之一，也是敏捷学习能力培养和持续精进的重要方式。虽然本书之前的内容对利益相关方管理以及项目复盘工作已经有所陈述，但接下来将对这些关键成功要素从提升项目经理能力的角度进行更加深入和细致的表述。

成为不一样的项目经理是今天现实中的项目管理工作对项目经理提出的更高要求，而这也成为项目经理职业发展与进阶的必要条件。

9.1 运用项目场景拆解矩阵，分析不同项目场景

我们可以通过一个2×2的结构化工具（见图9.2）对项目场景进行拆解。

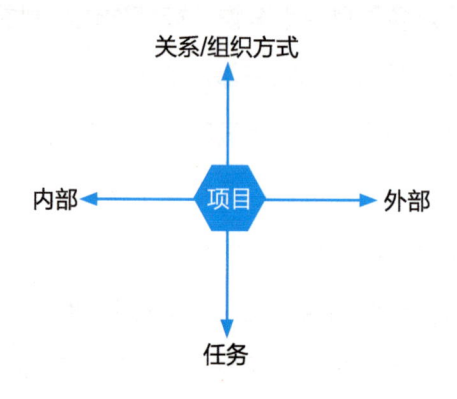

```
          关系/组织方式
              ↑
              |
     内部 ←— 项目 —→ 外部
              |
              ↓
             任务
```

图9.2 项目场景拆解矩阵

首先，我们需要分析项目的最大挑战是来自内部的团队成员还是外部的利益相关方，是选择攘外必先安内策略还是一致对外策略。

对于项目来说，项目管理团队本身是临时组成的，直接安内的基础条件往往不具备。正确的策略往往是先从外部的关键利益相关方着手。项目是典型的跨部门甚至跨公司的。项目管理团队通过利益共识，让关键利益相关方关注到他们在项目中的利益，只有他们关注到这些利益，才会支持和配合项目工作。

其次，我们需要分析项目是任务挑战较大还是人员关系较难处理。

如果是任务难搞定，那么项目经理接到任务后，首先要澄清范围，如哪些不是项目中要做的，哪些是项目中要做的。尤其是对于那些高独特性的项目，要牢记"能做多小做多小，能做多少做多少"的策略。

如果是人员关系难搞定，也就是说，项目的利益相关方关系比较复杂，那么需要将利益相关方进行分类。可以采用硬的套路（即策略、方法）搭建一个受控的组织环境，只有这个组织环境受控了，项目才能整体受控，这是上策；对于不同的利益相关方，可以采用软的技能引导他们支持项目，在项目中时刻牢记"把朋友搞得多多的，把敌人搞得少少的"这一策略，团结一切可以团结的人，减少一切会对项目带来不好影响的人。

9.2 在不同项目场景中开展项目的战术选择

我们将项目场景拆解矩阵中的四个维度（内部、外部、任务、关系）进行组合，就可以帮助项目经理梳理和把握在不同项目场景中开展项目的战术选择及其侧重点（见图9.3）。

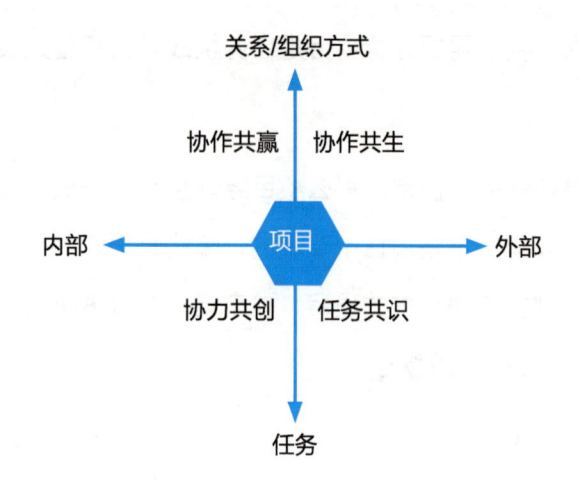

```
              关系/组织方式
                  ▲
                  │
         协作共赢 │ 协作共生
                  │
   内部 ◄─────── 项目 ───────► 外部
                  │
         协力共创 │ 任务共识
                  │
                  ▼
                 任务
```

图9.3　不同项目场景中开展项目的战术选择及其侧重点

（1）外部/关系场景：可以通过构建一个受控的、由SUP［Sponsor（发起方）、User（使用方）、Supplier（实施方）］三方组成的协作共生的组织环境来开展项目，实现项目从选择正确（做成）到成功交付（做完）的目标。

（2）内部/关系场景：可以通过分工、协作共赢的方式开展项目，发挥项目组织"1+1>2"的存在价值。

（3）内部/任务场景：可以通过用户故事、产品分解结构、计划和敏捷交付这种协力共创的方式完成项目。

（4）外部/任务场景：可以分阶段不断澄清任务，对项目任务达成共识。

9.3 基于不同项目场景扮演不同角色

基于在不同项目场景中开展项目的方式及其侧重点,项目经理需要扮演不同的角色(见图9.4)。

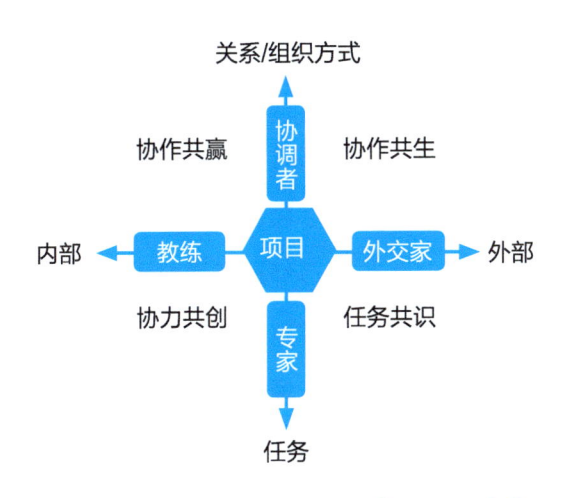

图9.4 项目经理基于不同项目场景扮演不同角色

1. 专家

如果把项目定义为一项独特的临时性任务,项目经理扮演的就是专家的角色。专家必须理解任务并明确任务如何交付。当然,对于侧重于专业任务的项目,需要再拆解这个产出物是产出繁杂还是独特性高?如果产出繁杂但独特性不高,那么基本有明确的参考答案,即由繁至简逐步拆解,拆解到可以交付的层次,再逐步集成,最终交付一个完整的产出物。如果产出比较独特、创新性高、交付物不明确，则往往需要能力比较强的小团队参与，采用敏捷思路，小步快跑，快速做出一个最小可行产品或方案，再去实践场景中验证，快速获取反馈，然后根据反馈逐步调整交付，最终通过一次次的验证迭代交付一个独特且创新性较高的产出物。

2. 协调者

如果把项目定义为一个临时性的组织方式或关系，项目经理扮演的就是协调者的角色。项目管理团队是临时组成的。对于内部，除做好分工外，项目经理还需要团队共同协作一起往前走；对于外部，除交付约定范围内的产出物外，项目管理团队还需要做很多事，最终完成项目产出物的交付。这个角色定位类似于联合国的秘书长。

3. 教练

如果项目的成败十分依赖于项目管理团队成员的协作，项目经理扮演的就是团队教练的角色。对于临时性的项目管理团队，项目经理需要做的是为团队成员扫清障碍，创造一个团队可以专注交付的环境，引导团队协作，通过软技能或个人魅力激励团队，使大家朝着项目目标前进。

4. 外交家

如果项目的成败十分依赖于外部利益相关方，则项目经理扮演的角色更像一个外交家。关注和平衡各方利益，善用各种资源，善于沟通谈判。外交家既要和外部保持一定的关系，又要确保内部有效利用有限的资源及时完成任务，这对项目经理来说是一个非常大的挑战。项目经理在和外部利益相关方谈判的过程中，需要寻找利益共同点，做出双赢的第三选择，这对大型复杂项目或资源匮乏的项目尤其关键。

总而言之，项目经理需要根据不同的项目场景有所侧重地选择四种角色中的一种或几种（一种主要角色、几种辅助角色）来管理项目。当然，这几种角色可以在项目组织中通过项目管理团队成员之间的相互弥补，扬长避短，这往往也是最可行的做法。项目管理是在没有资源大权的条件下进行的，项目经理不具备发号施令的权力，所以项目管理中一个非常重要的解决思路是基于现状解决问题，而不是改变别人。这正是管家式服务型项目经理的定位所在：因地制宜，应需而变，因人而异。

9.4
洞察项目利益相关方的权威和关注点，选择正确的沟通策略

知己知彼，始终可以深入理解利益相关方的需求和期望，能够帮助项目经理清醒地认识到他们的权威和兴趣点，这一点

对项目的成功尤为关键，无论项目经理出演的是何种角色。这是因为：一方面，他们中有将来项目产出的使用者和维护者；另一方面，他们往往也是项目成功与否的评价者。

项目经理可以使用利益相关方识别和分析表（见表9.1），理解和认识不同的利益相关方。

表9.1 利益相关方识别和分析表

相关方	态度				权利/影响	
	不知晓	反对	中立	支持	高层	中层
S1				C、D	*	
S2		C		D		*
S3			C	D		*
S4	C			D	*	

注：C表示利益相关方的实际态度；D表示项目团队对利益相关方所期望态度。

利益相关方对项目的态度可以分为四种，对于不同态度的利益相关方，项目经理要采用不同的方式进行沟通。

（1）支持。太好了，项目中如果几个关键利益相关方对项目的态度是支持，那项目成功的概率会大很多。项目经理在项目过程中要有意去引导关键利益相关方支持项目。

（2）中立。可以接受，项目中大部分人对项目是中立的。项目经理要尽可能将持有中立态度的相关方变为支持。如果变为支持比较困难，就尽量确保维持中立，只要不变成反对就行。

（3）反对。反对态度对项目的成败影响很大，尽量将持有反对态度的利益相关方保持在对项目影响很小的一部分人那里。对于反对态度的利益相关方，项目经理要思考怎么让他沉默，而不是反对，如反对但没行动就是一种比较好的状态。

（4）不知晓。如果不知道利益相关方对项目是什么态度，那么支持、中立、反对都有可能。需要先确认一下，然后再开始沟通。

利益相关方识别和分析表记录了利益相关方的态度，C表示当前利益相关方表现出来的态度，D表示团队评估出来为确保项目成功，期望利益相关方在项目中的态度。如果C、D在同一栏，表明实际态度和期望态度一致，这是项目中比较理想的情况；如果C、D不在同一栏，就需要有意地引导利益相关方的态度，或者通过寻找共同利益，让实际态度往期望态度上转变。

项目经理针对不同类别的利益相关方，需要选择合适的策略、方法、频次去沟通，这样才会有效果。

按照利益相关方从项目中可获得的利益、利益相关方对项目的影响两个维度，两两结合，就形成了利益相关方矩阵。利益可以分为高、中、低三个等级，影响也可以分为高、中、低三个等级，将这两个维度结合形成一个九宫格样式的利益相关方沟通策略矩阵（见图9.5）。

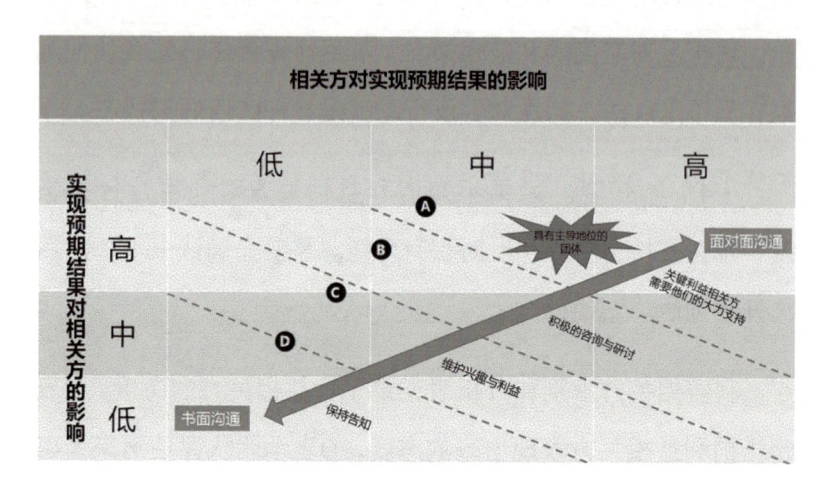

图9.5 利益相关方沟通策略矩阵

利益和影响都比较高，代表项目的关键利益相关方，也就是常说的VIP。对他们采取的沟通方式是一对一、面对面、高频次。对于这类利益相关方，要注意沟通的效果胜过效率，如报告要单独写，所以沟通投入往往会非常大。这就是常说的主动但非正式的沟通策略。

利益或影响比较高，代表中等影响程度的利益相关方，即普通利益相关方。对他们采取的沟通方式是积极的咨询与研讨。对于这类利益相关方，必须先问他们的意见，让他们感受到被尊重，可以让他们表达对项目的认同，即支持项目。专业上的权威人士、组织里的资深员工通常属于这类利益相关方。跟他们沟通，就是征求他们的意见，目的是让他们不反对。

利益或影响处于中等，代表中低等影响程度的利益相关方。对他们采取的沟通方式是维持兴趣与利益。他们通常对项目的态度是中立的，所以要定期与他们联系，维护他们的兴趣并保持他们在项目中的利益。

利益和影响都很小，代表最低利益相关方。对他们采取的沟通方式是保持告知。需要注意这部分人中的中立者，他们人数众多，所以一定要告知他们项目的信息。如果他们需要从其他地方了解项目的信息，他们就可能反对项目，那时麻烦就大了。

如果利益相关方特别复杂，项目经理就要一步步按照利益相关方管理的套路走。先识别利益相关方，然后对利益相关方进行分类，针对不同类别的利益相关方要采用合适的方式去沟通。如果难度比较大，就一项项列出来，一点点沟通，否则很可能会漏掉，或者不达标。例如，对跨职能性比较强的项目，就老老实实把矩阵做好，把相关方的名字都写上去。定期查看跟利益相关方的沟通情况，及时采取适当的方式进行沟通。

最需要注意的是，有些相关方在项目中没什么直接利益，但又是很重要的，很难搞定，又逃不脱。对于这部分人，可以考虑把他们排除在项目范围外，同时挖掘他们的利益点，让他们变成中性态度的观众。事实上，利益相关方对项目的反对态度并不可怕，最糟糕的情况是项目经理把反对者误认为支持者。项目经理不要基于自己的偏好给利益相关方的态度提前下定论，要基于事实去观察和验证。

> **贴士**
>
> **跨职能性较高的项目沟通策略**
>
> 对于跨职能性较高的项目，在沟通过程中，需要寻找大家的利益共同体，时刻牢记人们因为利益而在一起。对于这类项目，优先要做的是构建项目的利益共同体。如果大家是跨职能的，项目经理是临时的，利益共同体就不存在，这时就完全凭自己人脉了，这样的挑战非常大。所以，首先构建利益共同体，SUP三方代表在项目做完后要共赢，这样SUP三方的员工才会配合。因为项目经理管不了这些人，但是SUP三方代表即他们的领导可以管他们。所以，需要通过构建利益共同体让他们变成项目支持者。
>
> 接下来，老老实实完成利益相关方沟通策略矩阵，基于利益相关方的复杂度，由原来的高中低可以分得再细些。项目经理在没有权力的项目环境下实际上没有多少人

> 支持，大部分人的态度是中立的，只要不让他们的态度变成反对即可，这是很重要的一步。所以在项目中，要思考怎么让更多人不反对，尤其是最关键的那些人。让项目中最关键的那些人支持，项目成功的概率就会加大。要通过结构化的利益相关方沟通策略矩阵，把利益相关方都列出来，通过分类、分级，采用合适的方式进行沟通。牢记一点，项目经理要通过观察相关方的具体行为来验证他们的真实态度。

总结一下，针对项目中的利益相关方，首先，寻找共同利益点；其次，用合适的策略和方式去沟通；最后，用一些技巧，如示弱。实践证明，沟通中示弱比示强的力量强大得多。所以项目经理需要特别注意，为了做成项目，有时候示弱最高效、有用。

9.5 通过经验教训持续学习，持续精进：复盘

项目经理所扮演的教练角色，一方面是为了把握时机，捕获机会，为项目成功寻找更好的做事方法，即"干事"；另一方面是为了积累经验，持续学习，更好地提升团队能力，即"带人"。

在这个过程中，复盘是核心的工作方法，也是成年人敏捷学习最重要、最实用的形式之一。

在敏捷交付中，复盘就是敏捷回顾的一种常用方法。

9.5.1 认识复盘

"复盘"是围棋术语，本意是对弈者下完一盘棋后，重新在棋盘上把对弈的过程摆一遍，看看哪些地方下得好，哪些地方下得不好，哪些地方可以有不同甚至更好的下法。这个把对弈过程还原并且进行研讨、分析的过程，就是复盘。

通过复盘，棋手们可以看到全局以及整个对弈过程，了解棋局的演变，总结出适合自己和不同对手的套路，或者找到更好的下法，从而实现自己棋力的提升。

在管理中，复盘是指从过去的经验和实际工作中学习，帮助管理者有效地总结经验，提升能力，发现机会，实现绩效改善。

中国古语中的"吃一堑，长一智""前事不忘后事之师"都是这个道理。

学习复盘，我们首先要掌握复盘的四个原则，以便更快更好地把握复盘的精髓（见表9.2）。

第9章 成为不一样的项目经理

表9.2 复盘的四个原则

原则	解释
亲身经历	按照来源，人类的学习途径与方法可以分为"从自己学习"和"向他人学习"两大类。"从自己学习"的主要方法是复盘，因为自己过去经历的事件是成人获取信息、对信息进行加工与处理的主要途径
过去	本质上，人类能够通过"试错法"进行学习，成年人最主要的学习来源是过去的经验，而复盘就是从自己过去的经验中学习的结构化方法
实时	人都是感性的，第一时间的直觉和感受往往更趋近于真实，因此做到有效复盘的一个重要原则是"越快越好"
学习	复盘是以学习为导向的，不同于一般的工作总结。通过培训、听讲等形式获得一些知识和信息不是学习的根本目的，学习的本质是获得一些启发、见解，提升自己的见识和能力，从而提高个人的有效行动能力。让自己的行动更有效，才是学习的根本目的。因此，检验复盘质量的标准是看后续行动是否更加有效

在理解复盘的过程中，我们还需要澄清几个常见的误解（见表9.3）。

表9.3 对复盘的常见误解

常见的误解	澄清
可否对他人之事进行复盘	复盘的本质是每个人从自己亲身经历的事件中进行总结和学习。所以我们无法对他人之事进行复盘。对他人之事进行回顾、研究并从中学习的方法是案例分析。案例分析也很重要，但我们不是当事人，很难还原事实，也无法复制当时的情境，无法让人完整地执行整个复盘的逻辑，因此案例分析不是复盘
"悔不当初"是复盘吗	只是简单地回想并寻求吃"后悔药"，也不是复盘。真正的复盘一定要对成功的关键要素或者失败的根本原因进行分析，从中学到经验和教训。没有完整学习逻辑支撑的简单后悔很可能只是一厢情愿的臆测

续表

常见的误解	澄清
复盘会不会影响大家"抬头看路"	复盘除了回顾过去事情的经过，也要进行全面的分析，包括目标设定的合理性，情境是否发生了变化。如果发现情境变了，导致我们的目标需要调整，就要及时去调整。所以，复盘不是让我们低头拉车，而是让我们抬头看路
复盘会不会影响创新	真正到位的复盘需要我们挖掘到成功背后的关键因素和失败的根本原因，找到问题的根源。保持一个开放的心态，是复盘必不可少的要素。复盘不会用经验主义固化成功，因此复盘不是创新的障碍，而是创新的推手

9.5.2 如何进行复盘

理解复盘的逻辑并不难，但是将复盘做到位并不容易。对于项目经理来说，抓复盘这剂药方，就必须掌握下列实施复盘的基本要素：

- 构成复盘的两个角色。

- 引导复盘的三个阶段、九大步骤。

- 方法和工具的选择。

1. 构成复盘的两个角色

首先，作为一个团队活动，复盘主要由两个角色构成，即参与者和引导者（见表9.4）。

表9.4 复盘的两个角色

内容	参与者	引导者
项目角色	在项目层面，项目管理团队成员就是参与者	在项目层面，引导者往往是项目经理需要承担的角色
价值	复盘更多体现为团队活动，团队的参与决定了复盘存在的价值和意义	引导者会让参与者之间的合作更加顺畅，化解各种潜在的障碍，提高团队的绩效表现与协作能力，引导者的表现决定了复盘的质量
职责	准备复盘会议内容及所需资料。执行复盘的流程，反思和总结复盘事件，积极参与讨论。执行后续行动，确保改进措施的落地。全程保持对于复盘的责任心	营造与维护一个信任与开放的复盘环境，管理好团队成员之间的互动。秉承严谨、公正、中立的原则。信任每个人都有能力也有意愿把事情做好，相信团队的力量。主持会议，管理会议的过程，可以不是内容方面的专家，也可以不参与和内容相关的讨论中，不提供答案。帮助团队厘清思路，把握目标，保持聚焦。运用提问的方法，激发参与者的专注与投入，为团队提供必要的反馈。处理冲突，将冲突、不一致的意见转化为建设性的建议。提高复盘会议质量，引发深入的反思，在工具、方法和信息等方面提供支持，提高会议效率。做好复盘记录，推动后续行动落地执行

2. 引导复盘的三个阶段、九大步骤

总结众多实践经验，项目经理的引导作用是复盘成败的关键所在，无论是新晋的"菜鸟"，还是经验丰富的"老饕"，遵循复盘引导的套路，会为成功复盘奠定基础。站在引导者的视角，我们用"三个阶段、九大步骤"对复盘引导的手法加以

概括（见表9.5）。

表9.5 复盘的"三个阶段、九大步骤"及重点要解决的问题

阶段	步骤	重点要解决的问题
事前精心准备	确定复盘的主题、范围、参与者	对什么进行复盘，主题是什么，哪些人参加
	确定复盘会议的时间、地点	复盘会议何时召开，地点在哪里
	提前准备所需资料	需要准备哪些资料
事中有效引导	开场	让参与者明确会议的主题、范围、流程及规则
	遵循顺序、深入挖掘	预期目标是什么，实际发生了什么，差异的原因是什么，有哪些深层次的问题，从中能学到哪些经验教训，后续如何改进
	结束	是否充分发表了意见，是否达成共识，后续行动是否明确
事后推进到位	整理并分享复盘结果	哪些人了解这些信息会有帮助
	实施跟进	复盘的后续行动是否落实到位
	评估改进	复盘有哪些价值，有哪些改进之处

1）事前精心准备

复盘主要以团队研讨的方式进行，项目经理要基于可靠的事实，有明确的目的，因此需要精心准备。

在这个阶段，主要包括以下步骤。

第1步：确定复盘的主题、范围、参与者

根据项目的具体情况，可以选择一个具体的事件或活动进

行复盘。根据不同复盘主题与范围，设计不同的操作形式，选择所需的参与者。

第2步：确定复盘会议的时间、地点

提前与参与者（特别是关键人员）确认好时间，既要坚持"越快越好"的原则，又要确保关键人员准时到会。注意，如果缺少关键利益相关方的参与，那么复盘会议基本无效。

第3步：提前准备所需资料

要指定人员对复盘会议所需的资料进行汇总。资料通常是事件与活动的相关文件，如计划方案、执行过程中产生的文档，以及其他相关的参考资料。这些资料可以根据需要提前发放给参与者。

2）事中有效引导

接下来，项目经理将引导复盘会议的进行。作为复盘的核心过程，复盘会议的质量非常关键，会直接影响复盘的效果。

在这个阶段，主要包括以下步骤。

第4步：开场

由于不同的参与者可能对复盘的程序与规则了解不一，因此在开场时需要声明复盘的目的、程序与规则，确认和提醒相

关的注意事项。

同时，简明扼要地向参与者分享复盘会议的主题、范围，以及事件、活动或项目的背景、进度等信息，便于后续讨论。

如果参与者彼此不是非常熟悉，项目经理可以引导大家做一些"热身"活动，建立彼此之间的信任，营造适宜的对话氛围，以获得大家的认可与承诺。

第5步：遵循顺序、深入挖掘

要想保证复盘的质量，项目经理就必须按照复盘的学习逻辑，按顺序引导团队进行研讨。不论时间长短，都要保证团队能够完整地走过复盘的PDSA过程：确认预期目标，评估实际结果，分析差异原因，得到经验教训。

当然，按顺序研讨不意味着平铺直叙或平均发力。无论在哪个阶段，对于一些关键问题或有学习价值的要点，都可以进行深入的研讨。特别是面对一些大型事件、活动或项目，我们不可能面面俱到，因此更需抓住关键，突出重点。

第6步：结束

在复盘会议结束之前，项目经理要进行简明扼要的总结，倾听参与者的心声，对大家的投入表示感谢，并明确后续行动措施。以终为始，好的收尾如同开始一样，也是有效复盘不可或缺的环节。

> **贴士**
>
> **复盘模板**
>
> | 主题 | | 时间 | |
> |---|---|---|---|
> | 地点 | | 参加人 | |
> | 事件/活动/项目概述 | | | |
> | 1. 回顾目标 | 2. 评估结果 | 3. 分析原因 | 4. 总结经验 |
> | 初衷： | 不足： | 失败根本原因： | 行动计划： |
> | 目标/关键结果： | 亮点： | 成功关键因素： | 关键发现： |
>
> 资料来源：邱昭良.复盘+：把经验转化为能力（第2版）.北京：机械工业出版社，2016.

3）事后推进到位

本质上，复盘是以学习和改进为导向的，因此复盘会议最忌形式主义，会议开完，一切照旧。项目经理必须推动复盘的结果真正付诸行动，促进行动和绩效的改进。

在这一阶段，主要包括以下步骤。

第7步：整理并分享复盘结果

整理复盘结果，发送给复盘会议的参与者，获得认可之后，发送给团队成员以及其他团队。复盘结果也是组织知识的一种呈现，因此，项目管理团队内部可以考虑对复盘资料进行合理的存档，以便查阅和使用。

第8步：实施跟进

对于复盘会议确定的改进事项及行动计划，要与责任人定期联系，跟进行动计划的实施情况。如果在实施过程中存在一些问题或困难，项目经理要主动协调、推动解决。必要情况下，协调资源进行支持。

第9步：评估改进

评估复盘效果，不仅包括改进事项的实施效果，更要注重团队成员能力的提升以及团队整体效能的改进，并根据实际情况讨论后续改善措施。

9.5.3 项目复盘：多重迭代

虽然每个项目都极具个性，但项目中的大部分任务和活动都不可能是一次性实践，那么我们需要做到，每一次重复做某件事，都要比上一次做得好一点。

第9章 成为不一样的项目经理

因此，在项目进行到各个里程碑阶段后，有必要花一些时间回顾过去发生的事情，总结经验，为别人及自己的能力提升提供动力。

多重迭代就是项目复盘的操作模式，将复盘融入项目运作之中，分层分类，逐次进行。

具体来说，在进行项目复盘时，首先要分层级进行复盘（见表9.6）。

表9.6 分层级进行项目复盘

层级	描述
项目内各小组或职能	对于一些较大的项目，组织全体成员聚在一起进行复盘并不现实，但可以以项目小组为单位，或者按照职能条线，进行复盘
项目组	项目的进展离不开各小组的通力协作。因此，项目组也要及时进行复盘。对于一些较大的项目，如果无法组织全员参与，可以选择各小组的负责人及项目骨干参加

同时，无论是小组或职能层面，还是项目组层面，都可分阶段进行复盘（见表9.7）。

表9.7 分阶段进行项目复盘

阶段	描述
关键活动或事件复盘	关键细节决定成败。在项目过程中，无论是哪个层级，都要及时对项目当前的重要事件或关键节点进行复盘，特别是针对一些新的、重要的、未达预期的事件或活动进行复盘

续表

阶段	描述
定期进行项目回顾	对于项目经理来说，建立沟通机制是日常工作的一个重要内容，如周度例会、月度例会。可以将常规的进度汇报、问题研讨变成复盘会议
项目阶段性复盘	在项目各个里程碑阶段进行复盘，总结上一个阶段的工作，学到可以应用于项目后续工作的经验教训
项目总体复盘	在项目结项之后不久进行总体复盘

基于多重迭代的项目复盘充分体现了敏捷的特性。毋庸置疑，做好项目复盘工作的关键就是人。项目领导者的重视、引导者对规则的坚守、参与者的态度，这些都是直接影响项目复盘效果的重要因素。更重要的是，项目复盘对于项目经理来说不是一项额外的工作，而是一种推进项目进展、提升团队能力的方法，更是项目经理持续学习、持续精进的有效路径。

本章小结

敏控项目管理需要项目经理拆解和分析不同的项目场景。基于不同的项目场景，项目经理需要扮演专家、协调者、外交家和教练四种角色。项目经理可以有所侧重地选择四种角色中的一种或几种（一种主要角色、几种辅助角色）来管理项目。这几种角色往往需要在项目管理团队中通过搭班子、组队伍相互弥补。项目经理可以通过拆解项目场景选择有效的项目战术去管理项目。敏控项目管理中，一方面，项目经理始终要关注利益相关方的权威和关注点，运用结构化的工具选择正确的相关方沟通策略，确保项目以终为始做成项目，以始为终做完项目。另一方面，项目经理需要扮演的教练角色越来越需要具备引导项目复盘以及团队持续学习、持续精进的能力。

结束语

顺势而为,项目经理要做创变者

2017年3月，本书的第1版《敏控创变：自定义成功项目管理》出版上市。那时我们基于对项目管理领域不断涌现的新实践做法的观察、感受和体悟，提出了敏控项目管理这个主题，还顺利注册了敏控®这个商标。从那时起，敏控项目管理成为我们奉献给项目管理实践者的一种尝试、一个机会。也是从那时起，我们为有志于在项目管理领域有所作为的人们指出了新的发展方向——成为创变者。

五年的时间如白驹过隙，一方面，我们欣喜地看到了伴随着以PMBOK、PRINCE2、MSP、Scrum等为代表的极具影响力的各种项目管理实践方法的升级更新，曾经不断涌现的新实践业成为名副其实的项目管理良好实践指南。另一方面，在这些最佳实践中也越来越看不到标准答案与金科玉律的影子，取而代之的是项目成功标准取决于收益的实现，人们需要自定义契合自己的有效项目管理实践，而这也恰恰是敏控项目管理的精髓所在。

我们感慨身处的这个多变的时代让这种演化过程变得如此之快。但恰恰是这种演化给了我们续著这本《敏控®项目管理》很好的时机。因为本书的创作初衷就是帮助各位读者朋友深入浅出地理解、因地制宜地实践这些最新演进的良好实践指南，以帮助各位读者朋友成为创变者。

结束语　顺势而为，项目经理要做创变者

今天，我们倡议每一位项目经理都要成为创变者，因为这已经是大势所趋，是一个必然的选择。我们面对的问题已经不是要不要成为创变者，而是如何成为一名创变者。

对于每一个人，人生何尝不是一个独特的项目。什么样的生活是我们希望的？如何平衡工作与家庭、自我与家人？项目中我们面对的问题，也时刻投射在自己的生活中。项目中的问题和挑战，我们用迭代的方式去应对，而人生的高峰与低谷，幸福与痛楚，对于我们来说未尝不是另一种迭代，一种叫修炼的迭代。

我们人生的广度和高度取决于我们当下的行动，项目不也如此吗？对创变者身份的认同以及吾将上下而求索的过程，是每一位项目经理今天的必修课。

与各位读者朋友共勉，衷心希望各位读者朋友开卷有益。

附录A

敏控项目管理体验沙盘

敏控项目管理特别强调场景化，除了传统的培训课程，更需要一种"沉浸式"的学习方式。沙盘演练是一种互动体验式的学习方式，有情节、有道具，给参与者很强的真实感。培训参与者通过扮演不同角色，参与和体验教学游戏场景中的各个环节。

沙盘演练通过若干轮的游戏使得参与者经历实践—回顾—思考—决定一个完整的学习周期见图A.1。通过这种方式，参与者把理论知识和现场实践紧密关联，体验不同的协作方式并最终驾驭新的知识和技能。

图A.1 完整的学习周期

沙盘演练在以下情境中最能够发挥其独特优势：

（1）体验敏控项目中的团队协作价值，强化团队协作意识。沙盘参与者在学习到新的理论知识的同时，也将亲身体验新的工作方法与团队协作方式给他们带来的益处,以及其自身行为对项目结果所产生的影响。这种效果远远胜过管理者的说教和意识宣贯。

(2)实现理论与实践行为的完美结合。传统的培训项目往往都偏重学习概念和方法工具等理论知识,而对于敏控项目管理这种软硬技能兼具的要求,基于项目场景的实践行为显得尤为重要。沙盘演练的优势在于把沙盘参与者带到一个实验情景中,不断尝试并探索理论知识,在场景中学习新的工作方式所带来的价值。这就是我们常常说的沉浸式学习。

(3)通过沙盘演练,团队能够评估并反思现在的项目协作方式,从而发现提升工作效率与效果的空间和机会。来自同一个项目管理团队的同事一起参与沙盘演练,共同探寻敏控项目开展方式,共同努力提升团队的协同程度。参与的团队会总结出他们认为有效的协作方式,并坚持将其作为这个团队的后续团队规则或行为准则。

附录A1
《传奇动物园》沙盘——敏控项目模拟器

1. 沙盘背景

《传奇动物园》沙盘所演绎的核心任务是在百废待兴的阿富汗首都喀布尔市修建一座动物园,其目的是通过动物园这个项目帮助市长提升支持率。

2. 沙盘内容

市政府将这个任务交给一个项目管理团队，沙盘的参与者将扮演团队中的各种角色（见图A.2），沙盘教练将扮演该项目的发起人——喀布尔市长。项目完不成、项目延期、预算超支等都会影响市长的支持率，代表市长利益的市长资政角色负责通过这个项目帮助市长提升支持率。项目经理负责领导项目管理团队完成这个项目。动物园园长负责项目完成后动物园运营阶段的长期价值收益。项目管理团队的所有决策、行动和项目产出都将影响市长的支持率。

图A.2　《传奇动物园》项目组织架构及现场一瞥

《传奇动物园》沙盘高度还原了典型的敏控项目管理场景。在沙盘中，参与者需要对项目的商业论证有深刻的理解，通过对项目的控制和工作包的分解来保证项目成功。与此同时，沙盘参与者还将深刻体验到项目的不确定性：需求变更、项目环境变化、风险不断涌动。

项目的成功需要依靠项目管理团队，因此在沙盘中，参与者将经历团队发展的各个阶段，面临团队协作中的各种障碍。参与者不仅需要承担职能角色，还需要在面对变革时发挥团队角色的作用。

为了让参与者通过持续的学习和不断尝试的方式充分体验敏控项目管理的精髓，这个沙盘设置了数个阶段。参与者所面临的任务的复杂性和挑战性会逐轮增加。每一阶段游戏结束后，教练都将帮助参与者"回顾"（上一阶段发生了什么？参与者做了什么？参与者从中学到了什么？）、"思考"（参与者在哪些地方可以做得更好或者可以采用其他更佳的方式？）以及"决策"（我们下一阶段游戏应该如何做？）。只有这样，参与者才能够学习到如何持续不断地提升他们的协作程度，从而在面对更复杂、更多障碍的真实环境时仍然能够实现项目管理团队的目标。

附录A2
《铁塔奇迹》沙盘——敏捷项目CBA

1. 沙盘背景

世界上最为知名的铁塔是哪一座？很多人会毫不犹豫地给

出答案——法国巴黎的埃菲尔铁塔。《铁塔奇迹》沙盘就是以法国为了举办1889年的世界博览会（这个在当时全球最负盛名的商业活动），在巴黎的战神广场兴建埃菲尔铁塔以及其他世博会配套设施的真实历史事件为蓝本的。

2. 沙盘内容

《铁塔奇迹》的参与者需要穿越回19世纪的法国巴黎，通过扮演不同的角色，组成项目管理团队（见图A.3），并使用乐高积木作为道具，充分还原这个历史项目的方方面面。

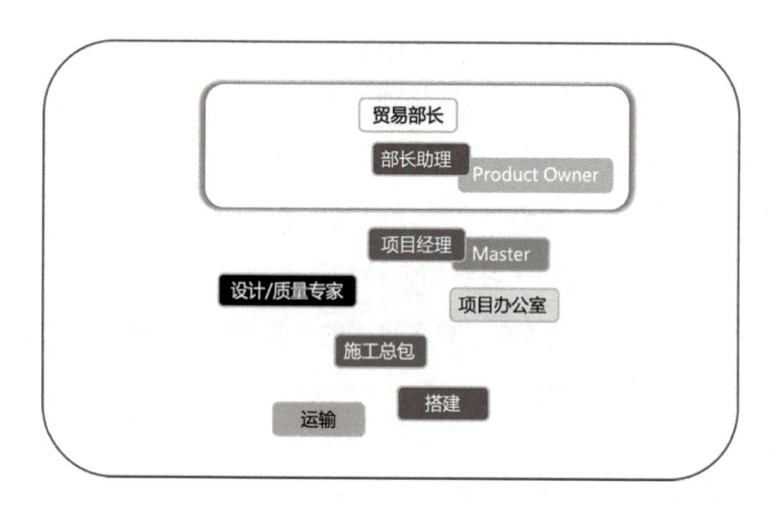

图A.3　《铁塔奇迹》项目组织架构

在项目准备阶段，项目管理团队需要在短时间内依据政府的想法梳理用户故事，然后转化成项目的概要设计与主管官员达成共识，以便可以开始工作。在接下来的三轮迭代中，项目管理团队通过自然心流演练产品待办事项、站会、阶段性呈现产出、回顾会议激发团队协作，最终实现对巴黎市政府的高效价值交付。

沙盘教练会通过两个方面评判团队在沙盘演练中的最终成绩。一方面是对三次迭代的结果与之前各相关方达成共识的结果进行程度比对，另一方面是对迭代过程中敏捷行为的展现程度进行评价。评价规则特别导向于进化，即在每一轮的迭代中都体现出明显的"改变"。

《铁塔奇迹》沙盘可以更好地帮助参与者从C、B、A三个方面快速理解和体验敏捷。

- 敏捷核心概念（Concept，C）：敏捷不是黑白，而是灰度，即更加（More）敏捷、多么（How Much）敏捷。

  - 拥抱变化：Responding to change。

  - 用确定性来管理不确定性：Timebox。

  - 聚焦快赢或快速失败的迭代：MVP。

- 敏捷团队典型行为（Behavior，B）。

  - 团队自组织。

  - 协作互助。

- 积极探索。

- 敏捷方法（Approach，A）。

  - 应用项目敏捷加速器（可与"敏控敏控"小程序相结合）。

附录A3
《挑战埃及》项目管理沙盘——玩转项目管理

1. 沙盘背景

《挑战埃及》被业内称为全球首套能够适合PRINCE2®及PMP认证人群的项目管理沙盘演练游戏。沙盘通过使用乐高积木作为道具，以埃及最著名的胡夫金字塔建设作为故事蓝本，为全球项目经理还原了4000年前古埃及金字塔建造的情景，促使参与者运用项目管理技能和工具解决此过程中遇到的一切实际问题，从而将学员的课堂所学运用于实践之中，是将项目管理理论升华到实践的绝佳模拟途径。

2. 沙盘内容

众所周知,古埃及人在相对较短的时间内建造了巨大的金字塔。在当时的真实条件下,如何将数百万块巨石运送到正确的地点?如何确保上万名劳工最有效地工作?与此同时,在建造金字塔的过程中,项目管理团队还要面临法老不断提出的新要求,天气和疾病乃至战争带给项目的风险。如果没有合适的项目管理方法,这项壮举是无法完成的。沙盘游戏通过四轮高互动性的情景模拟,将项目管理最佳实践的最重要方面生动地展现出来。所有的参与者都将模拟项目管理中的某个典型角色(见图A.4),通过金字塔的搭建工作充分体验项目管理过程中的各个关键环节。

以情景模拟为基础的沙盘游戏可以根据客户需求重点设定学习目标,总体来说,游戏参与者将实现以下学习目标:

- 将项目管理实践指南如PRINCE2®、PMBOK®在实践情景中有效应用。

- 学习如何确保项目收益的实现。

- 学习如何以客户为中心,并根据客户的需求设立正确的优先级。

- 增加沟通技能和提升团队协作能力。

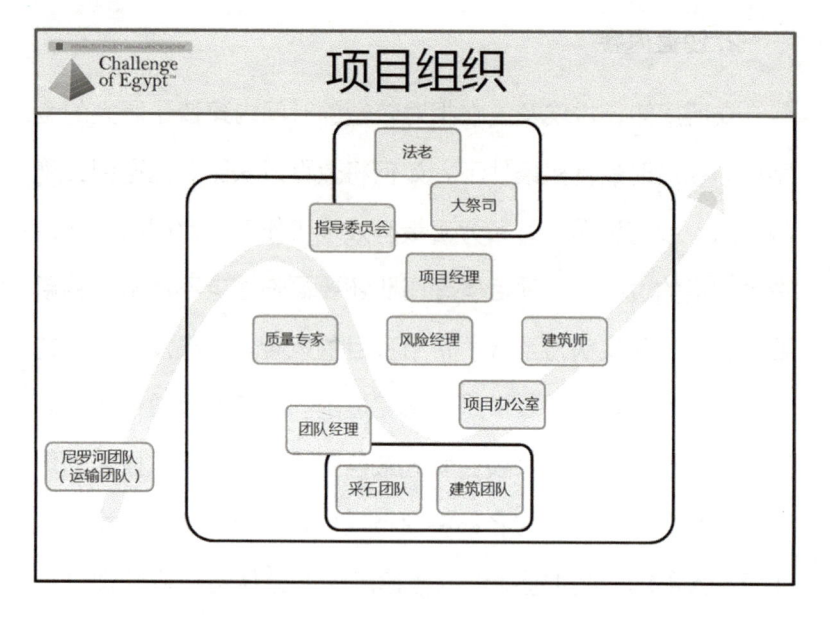

[图: 《挑战埃及》项目组织架构图,包含法老、大祭司、指导委员会、项目经理、质量专家、风险经理、建筑师、项目办公室、团队经理、采石团队、建筑团队、尼罗河团队(运输团队)]

图A.4 《挑战埃及》项目组织架构

此沙盘面向四大目标群体:

1)管理团队

组织的管理层成员,在参加完该项目管理情景模拟后,可以就项目管理方法是否可以帮助到本组织做出更充分的判断。

2)项目经理

作为希望掌握或已经掌握了一套项目管理方法的项目经理,情景模拟可以帮助自己将找到下列问题的答案:项目经理应该扮演什么样的角色?如何创建项目?如何成功地控制项目?如何创建一个有效的项目管理团队?如何将PRINCE2®或

PMBOK®的理论方法更有效地应用？

3）团队领导

在项目中，团队领导扮演了一个尤为重要的角色。在该情景中，团队领导将学到如何在一个高复杂和周期长的项目中完成自己的任务，并学习如何在项目中通过项目管理方法和工具管理自己的任务。

4）项目组成员

项目组成员将面对各种各样的标准、规则、工作流程和步骤。在情景模拟中项目组成员将更熟练地应用上述要素。

《挑战埃及》作为全球经典的项目管理沙盘分为传统版和敏捷版两个版本，可供选择。

附录B

项目管理实践指南汇编

附录B1
PRINCE2®

1. 基本信息

PRINCE2®（受控环境下的项目管理）是项目管理的最佳实践方法论，适用于任何类型的项目，在全球尤其在英联邦国家得以广泛应用。

最初版本由英国中央计算机与电信局（CCTA）为其IT项目所开发，1989年首次发布，1996年修订时更名为PRINCE2®，适用于各种类型的项目。PRINCE2®版权目前由Axelos公司拥有。最新版本是2017年出版的第六版，更加导向于基于项目情境的实践应用，包括敏捷项目环境。PRINCE2®含两卷：

- PRINCE2®——成功的项目管理方法论（针对日常项目工作人员）。

- PRINCE2®——成功的项目指导方法论（针对项目领导和发起人）。

PRINCE2®由七项原则、七个控制主题（见图B.1）、基于项目生命周期的七个流程（见图B.2），以及将其方法匹配到项目环境中的裁剪指南构成。

附录B 项目管理实践指南汇编

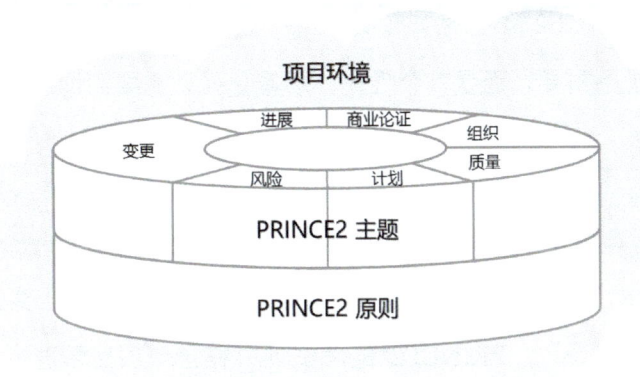

图B.1　PRINCE2®框架结构

PRINCE2 流程模型介绍

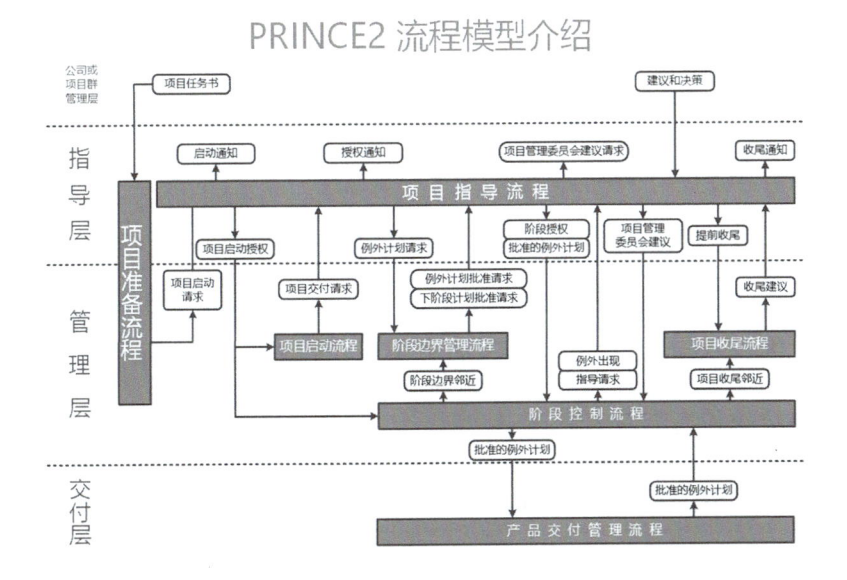

图B.2　PRINCE2®流程模型

PRINCE2®不包括如领导力或"软技巧"等主题，这些主题不是不重要，而是其个性化、场景化强，需要因地制宜按需运用。

2. 选用收益

PRINCE2®是通用的项目管理方法，其重心在于实践应用，即"行"。PRINCE2®的考试证书在全球项目管理资质证书中数量第一。PRINCE2®与MSP®（成功的项目群管理方法论）相互补充。两种方法一起开发，联合使用，无缝配合，确保项目产出的成果收益转化得以保障。

附录B2
MSP®

1. 基本信息

MSP®（成功的项目群管理方法论）是应用于业务变革方面管理项目群的最佳实践。由英国政府商务部（OGC）于1999年首次发行。目前最新的版本是2020年发行的第五版，由Axelos公司拥有版权。

MSP®框架（见图B.3）基于三个核心概念：原则、治理主题和转型流程。

MSP®原则（外环）：七项原则代表了支撑转型变革项目

群成功的共同因素。

MSP®治理主题（中环）：七个治理主题说明组织进行项目群管理所需要的定义、测量和控制的方法。

MSP®转型流程（内环）：七大流程通过项目群的生命周期，从初始概念阶段到交付新能力、转化为预期成果、实现价值，再到最后完成项目群提供了一套有效路径。

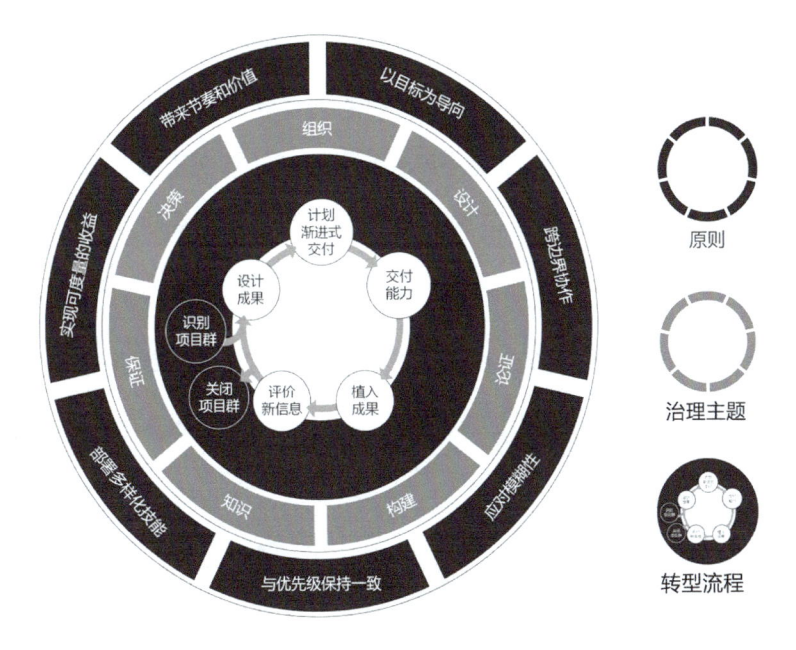

图B.3　MSP®框架

2. 选用收益

MSP®可以无缝结合PRINCE2®项目管理方法。通过联合使用，确保项目产出的成果收益转化和实现。

附录B3
PMBOK®指南

1. 基本信息

PMBOK®（项目管理知识体系）指南收录了项目管理知识体系中被普遍认可为"良好做法"的部分。它提供了项目管理所需的知识、技能、工具和技术。人们可以利用各种方法论（如PRINCE2®）来实施该指南中的项目管理框架。PMBOK®指南由美国项目管理协会（PMI）于1996年首次出版，目前的第7版于2021年发布，结构上有了很大的变化，更导向于如何管理项目的方法论。

PMBOK®最新指南核心内容包括12个项目管理原则和8大项目绩效域（见图B.4）。

2. 选用收益

PMBOK®指南已成为项目管理从业人员极为重要的工具书。PMBOK®指南的通用性和权威性大大解决了不同组织、不同项目、不同人员使用"相同语言"提升沟通效率的问题，即共识的"知"。指南中包含的知识、工具和技术等内容具有极强的实用性。PMP全球认证数量仅次于PRINCE2®，中国市场占有率第一，且持续快速增长。

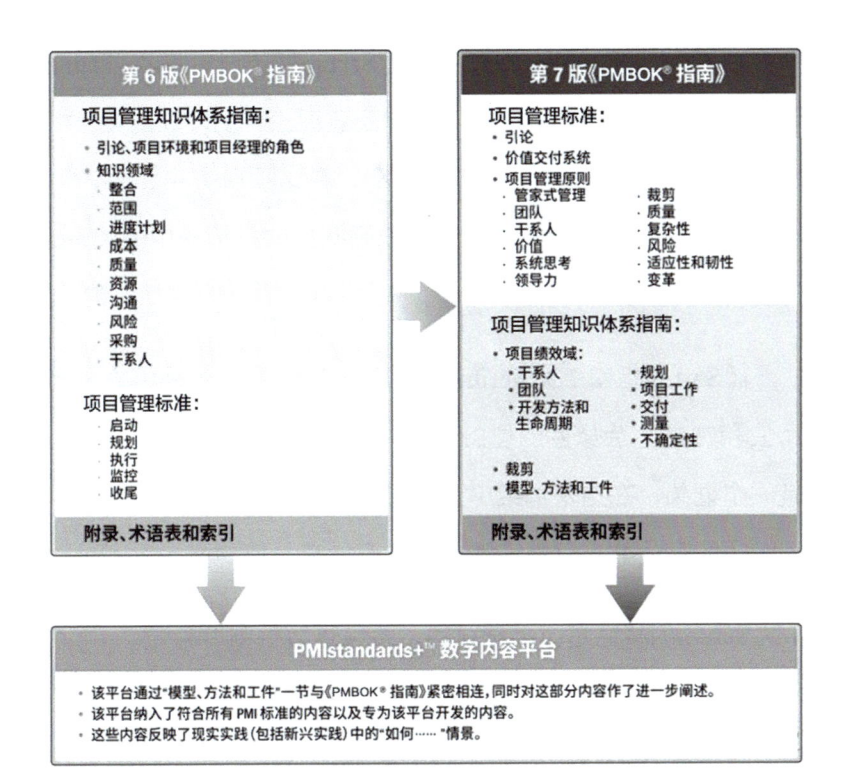

图B.4 PMBOK指南的12个项目管理原则和八大项目绩效域

附录B4

Scrum

1. 基本信息

Scrum用敏捷方法（迭代和增量的方法）来完成复杂项目。Scrum最初是专为软件开发和维护而设计的，目前则适用于任何复杂的、创新的工作。

当杰夫·萨瑟兰在1993年创建Scrum框架时，借用了1986年竹内弘高和野中郁次郎在《哈佛商业评论》上发表的关于橄榄球比赛用语"争球"的一种比喻。在这项研究中，竹内弘高和野中郁次郎将高绩效的跨职能团队比作橄榄球中的Scrum形式。

《Scrum指南》是Scrum的官方知识体系。它是由肯·施瓦伯和杰夫·萨瑟兰两位Scrum的共同创造者编写的。Scrum是一个框架，在这个框架中人们可以解决复杂的自适应问题，同时也能高效并有创造性地交付尽可能高价值的产品。

Scrum的特点是：轻量级的，容易理解但难以精通。

Scrum中有三种主要角色。一种是负责维护产品列表的产品负责人，代表利益相关方并且管理所有的需求。另一种是敏捷教练，帮助团队遵守Scrum过程。敏捷教练的主要工作是主持日常的Scrum会议，管理任何问题，支持产品负责人，并消除阻碍团队进步的障碍。第三种角色是团队成员，敏捷团队由5~9人构成，采用自我管理的组织方式工作，交付的成果由集体负责。

Scrum的框架可以用循环冲刺摘要展示（见图B.5）：

- 产品负责人创建待办事项产品列表。

- 在冲刺计划中，团队从列表中拉出一小部分，作为冲刺列表，并决定如何实现。

- 团队的时间有限，完成该项工作的冲刺通常需要2~4周，但每天进行评估以确定进展情况（每日站会）。

- 冲刺燃尽图（Sprint Burndown）显示了在单个冲刺中的实施进展情况。

- 在所有过程中，敏捷教练要保证团队专注于它的目标。

- 在每个冲刺完成后，团队必须有新的增量交付，即将潜在可交付的产品增量（PSP）交给客户，或暂时保存，或展现给利益相关方。

- 最后以冲刺评审会议和回顾会议结束。

这个过程将重复循环，直到待办事项产品列表全部完成，或者预算被耗尽，或者已到最后期限。所有这些标志工作结束的里程碑，完全由特定项目决定。无论哪种动因导致工作停止，Scrum都要确保在项目结束时最有价值的工作已经完成。

2. 选用收益

Scrum最初的使用范围是软件开发项目，但现在用于各种复杂的项目。Scrum的有效使用可以提高团队生产率，改进工作过程，改善内部团队以及和客户之间的沟通。通过频繁的发布，产品进入市场的时间将最小化。

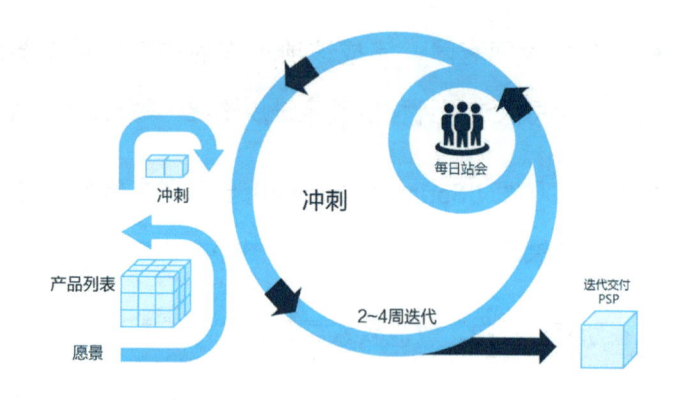

图B.5　Scrum循环冲刺

附录B5
ICB®

1. 基本信息

ICB®是总部设在瑞士的国际项目管理协会（IPMA）针对项目、项目群及项目组合管理的人员能力基准标准。目前最新版本是2015年更新的第4版。ICB®的核心概念是"能力眼"（见图B.6），代表了通过项目经理的眼睛评估个性情境时，项目管理需要的所有能力。ICB®定义了29个能力要素，涵盖了环境视角能力的5个要素、人员能力的10个要素及专业实践能力的14个要素。每个能力要素由标题、内容描述、一系列可能的流程步骤以及每个IPMA级别所需的经验水平组成（见表B.1）。ICB®没有推荐或包括特定的方法论和工具技术，项目经理需要基于项目情境自定义。

2. 选用收益

IPMA在专业资质标准的基础上，提供四级认证：

- IPMA Level-A®（项目总监级）

- IPMA Level-B®（高级项目经理）

- IPMA Level-C®（项目经理级）

- IPMA Level-D®（项目管理初级）

这样不仅能让组织在选派项目成员时有相当全面的参考基准，也能让项目从业人员有自身能力发展的方向。

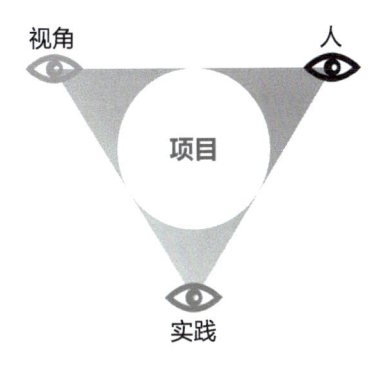

图B.6　IPMA ICB®"能力眼"模型

表B.1　IPMA ICB®能力表

		Knowledge 知识	Comprehension 理解	Application 应用	Analysis 分析	Synthesis 综合	Evaluation 评价
Perspective 视角	Strategy 策略						
	Governance, structures and process 治理、架构和流程						
	Compliance, standards and regulations 合规、标准和规则						
	Power and interest 权威和兴趣						
	Culture and values 文化和价值						
People 人	Self-reflection and self-management 自省和自我管理						
	Personal integrity and reliability 个人的诚实与可靠						
	Personal communication 个人沟通						
	Relationship and engagement 关系与积极参与						
	Leadership 领导力						
	Teamwork 团队合作						
	Conflict and crisis 冲突与危机						

续表

		Knowledge 知识	Comprehension 理解	Application 应用	Analysis 分析	Synthesis 综合	Evaluation 评价
People 人	Resourcefulness 足智多谋						
	Negotiation 谈判						
	Result orientation 结果导向						
Practice 实践	Design 设计						
	Requirements, objectives and benefits 要求，目标和收益						
	Scope 范围						
	Time 时间						
	Organization and information 组织与信息						
	Quality 质量						
	Finance 财务						
	Resources 资源						
	Procurement and partnership 采购与合作关系						

续表

		Knowledge 知识	Comprehension 理解	Application 应用	Analysis 分析	Synthesis 综合	Evaluation 评价
Practice 实践	Plan and control 计划与控制						
	Risk and opportunity 风险和机会						
	Stakeholders 利益相关方						
	Change and transformation 变化与转化						
	Select and balance 选择和平衡						

参考文献

[1] 阿尔贝托·索维亚. 做对产品[M]. 徐毅, 译. 天津: 天津科学技术出版社, 2021.

[2] 鲁宾. Scrum精髓: 敏捷转型指南[M]. 姜信宝, 米全喜, 左洪斌, 译. 北京: 清华大学出版社, 2014.

[3] 吉姆·海史密斯. 敏捷项目管理: 快速交付创新产品(第2版)(修订版)[M]. 李建昊, 译. 北京: 电子工业出版社, 2019.

[4] 里查德·克纳斯特, 迪恩·莱芬韦尔SAFe 5.0精粹: 面向业务的规模化敏捷框架[M]. 李建昊, 陆媛, 译. 北京: 电子工业出版社, 2021.

[5] 杜炎. 互联网项目管理实践精粹[M]. 北京: 电子工业出版社, 2018.

[6] 网易杭研项目管理部. 网易一千零一夜: 互联网产品项目管理实战[M]. 北京: 电子工业出版社, 2016.

［7］邱昭良．复盘+：把经验转化为能力（第2版）[M]．北京：机械工业出版社，2016．

［8］王二乐，乔锐，华莉，付玲娜．理想团队第一课[M]．北京：北京联合出版公司，2021．

［9］PMI．A Guide to the Project Management Body of Knowledge（PMBOK®Guide）（Seventh Edition）[M]．Broomall：Project Management Institute，Inc.，2021．

［10］AXELOS Limited．Manageing Successful Projects with PRINCE2® [M]．Norwich：The Stationery Office，2017．

［11］AXELOS Limited．Managing Successful Programmes [M]．Norwich：The Stationery Office，2020．

［12］AXELOS Limited．PRINCE2® AGILETM [M]．Norwich：The Stationery Office，2015．

［13］International Project Management Association．Individual Competence Baseline for Project，Programme & Portfolio Management（IPMA ICB®）（Version 4.0）[M]．Zurich：IPMA，2015．

［14］Scrum Org and Scrum Inc．The Scrum Guide[TM]：The Definitive Guide to Scrum．The Rules of the Game [R]．2020．

反侵权盗版声明

电子工业出版社依法对本作品享有专有出版权。任何未经权利人书面许可，复制、销售或通过信息网络传播本作品的行为；歪曲、篡改、剽窃本作品的行为，均违反《中华人民共和国著作权法》，其行为人应承担相应的民事责任和行政责任，构成犯罪的，将被依法追究刑事责任。

为了维护市场秩序，保护权利人的合法权益，我社将依法查处和打击侵权盗版的单位和个人。欢迎社会各界人士积极举报侵权盗版行为，本社将奖励举报有功人员，并保证举报人的信息不被泄露。

举报电话：（010）88254396；（010）88258888
传　　真：（010）88254397
E-mail：　dbqq@phei.com.cn
通信地址：北京市万寿路173信箱
　　　　　电子工业出版社总编办公室
邮　　编：100036